谨以此书献给

淑子(Yoshiko)& 雪莉(Shirley)

In Search of
Reconciliation Between
CHINA
AND
JAPAN

南京大屠杀与国际和平研究院资助项目

探寻中日和解之旅

[英] 巴兹尔·斯考特
[日] 葛西实
BASIL SCOTT & MINORU KASAI

著

李琳莉 刘双双 | 译　　刘成 | 审校

南京师范大学出版社
NANJING NORMAL UNIVERSITY PRESS

图书在版编目（CIP）数据

探寻中日和解之旅／（英）巴兹尔·斯考特，（日）葛西实著；李琳莉，刘双双译．— 南京：南京师范大学出版社，2018.12
（和平学丛书）
ISBN 978-7-5651-3478-4

Ⅰ.①探… Ⅱ.①葛…②巴…③李…④刘… Ⅲ.①中日关系－研究 Ⅳ.①D822.331.3

中国版本图书馆 CIP 数据核字（2018）第 205571 号

Two Pilgrims Meet: In Search of Reconciliation Between China and Japan by Minoru Kasai & Basil Scott
Copyright © Minoru Kasai & Basil Scott 2016
本书中文版由南京师范大学出版社出版发行。
著作权登记号 图字：10-2017-542

书　名	探寻中日和解之旅
著　者	［英］巴兹尔·斯考特　［日］葛西实
译　者	李琳莉　刘双双
审　校	刘　成
策划编辑	郑海燕　王雅琼
责任编辑	郑海燕　王雅琼
出版发行	南京师范大学出版社
地　址	江苏省南京市玄武区后宰门西村 9 号（邮编：210016）
电　话	（025）83598919（总编办）　83598412（营销部） 83598297（邮购部）
网　址	http://www.njnup.com
电子信箱	nspzbb@163.com
照　排	南京理工大学资产经营有限公司
印　刷	江苏凤凰通达印刷有限公司
开　本	880 毫米×1230 毫米　1/32
印　张	10.5
字　数	220 千
版　次	2018 年 12 月第 1 版　2018 年 12 月第 1 次印刷
书　号	ISBN 978-7-5651-3478-4
定　价	48.00 元

出 版 人　彭志斌

南京师大版图书若有印装问题请与销售商调换
版权所有　侵犯必究

致 谢

我们无法对所有帮助本书出版的人逐一致谢，但我们至少应提及一些在本书诞生过程中起过重要作用的朋友和家人。

我们要特别感谢山本俊树教授和他的妻子绿。在我们的故事中，他们扮演了至关重要的角色。没有他们的帮助，我们就无法在2005年得以重聚。不仅如此，在实和淑子2011年和2015年两次来访时，如果不是山本夫妇将自己的公寓提供给我们使用，我们也无法顺利完成本书的写作。

我们还必须感谢实曾经的学生宇野彩子。在最后将手稿输入电脑时，她给予了我们很大帮助。她耐心地将我们的口述和相关修改整理成电子文档，并将书稿通过电子邮件发送给编辑。此外，她还为本书做出了许多其他贡献，如提供照片、与我们书中提及的相关人士取得联系等。

我们还要感谢汉娜·史密斯，她运用自己的音频输入技术创造了奇迹，将我们的一些感想录音整理成了有序的文字。

我们感激所有的朋友，尤其是那些在中国和日本的朋友，他们为我们的探寻中日和解之旅提供了帮助。

最后，我们最要感谢的是家人，在我们合作著书的十年中得到了他们的全力支持。他们可能意识不到自己对这本书的出版做出了多大的贡献，但没有他们，就没有这本书。

序

两位作者通过本书邀请我们一起对话,交流感想,互相分享并增进了解。本书讨论了对战后精神创伤的治愈以及我们应当始终保有的创造力。与此同时,他们还针对如何缓和中日关系提出了许多具体建议,这些想法都是基于战后政治环境和公民社会倡议背景所做出的思考。

本书英文版于 2016 年正式出版。在如今这个年代里,战争显然还在无休止地发生,很多人因此家破人亡、流离失所。值得庆幸的是,在过去的六十多年里,东亚没有再发生武装冲突,也未遭到战乱的直接影响。读者们或许会有些困惑,在战火频仍的今天,为什么我们还要重温 20 世纪三四十年代那场遥远的悲剧?

其中一个重要因素是,中国极有可能在 21 世纪的世界经济、科技和政治领域中发挥主导作用。只要中国与其邻国始终保持一种健康的互利共赢关系,那么整个东亚地区都将成为社会稳定、教育发展和环境改善的全球性资源。毕竟这一地区的人口约占世界总人口的六分之一。

和解也具有全球性意义。即使当今的暴力冲突能在一定程度上得到控制或解决，但它们的余波仍将殃及后世。在今后很长一段时间里，对战后精神创伤的治愈都将是我们不变的志业。本书中和平共处的思想将社会性与精神性联结起来：不仅要与曾经的敌人和平共处，还要与被战争及其他人类活动破坏的大自然和平共处。

本书还体现了一些宗教上的精神传统。两位作者都以基督教信徒自居，基督的存在始终指引着他们思考。此外，在印度的学习和朝圣之旅也具有改造性的力量，启发和深化了他们的思维。

最后，也同样重要的是，我们能从书中感受到一种微妙的东亚精神。正如东亚人民通常偏爱写意式的手法，通过简单而谦逊的笔触描述一只蜻蜓或一枝牵牛花来暗示和平的思想，作者也含蓄地指出：在自然界中，只有我们人类才有如此高度的傲慢自负与破坏行为。温和与高雅、智慧与成熟，在最需要这些品质的政治领域却很少出现，然而幸运的是，我们或许能在本书的字里行间中感受到这些高贵的品质。

Alan Hunter
英国考文垂大学
信任、和平与社会关系研究中心亚洲研究教授

译者序

我可能是最早读到本书英文版的中国读者。作者之一的巴兹尔·斯考特先生在本书出版前就将电子稿发给我，邀请我为该书题写一句评语，印在封底。英文版书刚出来，巴兹尔就在第一时间快递给我，并在书中的夹寄便条上写道，希望我能请我的研究生将此书翻译成中文并予以出版。

我与巴兹尔2007年在南京相识，此后的十年中我们曾在南京和剑桥多次见面。每次见面，巴兹尔都要向我讲述这本书中的故事，并与我讨论中日和解的有关问题。记得有一次我在瑞士访问，他也打电话过来与我分享他的新想法。在与他的交往中，我真切感受到他对中国的热爱。巴兹尔在中国长大，曾被关押于日军设在上海的集中营多年；而另一位日本作者，同一时期也在上海生活过十三年。这样两位年逾八十的作者，用他们毕生探求中日和解的经历写成的书，值得所有真正希望中日和解的人去用心阅读。中日和解需要一种中日两国之间相互依存、相互需要的思想和力量，而本书就是要激发出这种思想与力量。

本书的译者是我的两位研一学生，她们喜欢和平学，在读本科时就选修了我开设的和平学课程。她们为本书的翻译工作尽了最大努力，相信这次翻译经历会促进她们的成长。具体分工为，两人各译书的一半，排名以姓氏拼音为序。我对全稿进行了审校，并对部分内容提出了修改意见。本书的出版要感谢南京师范大学出版社总编辑徐蕾教授，还有我的师妹郑海燕和编辑王雅琼，她们对和平学的认同、对中日和解的关注，使我们对此书的出版一拍即合，没有她们的全力支持，这本书的中文版也不会这么早面世。我们一致认为，中文版的出版意义非凡！

南京大学历史学院教授
2018 年于南大和园

前　言

一位日本人和一位英国人,为什么会合著一本探寻中日和解的书?在本书中,我们将介绍我们相遇的始末,以及这个追求对我们来说如此重要的缘由。书中记录了我们的整个探寻之旅,从20世纪三四十年代战时的上海出发,一直到如今我们对中日和解的追求。我们两人相遇和重逢的故事则是贯穿本书的次要情节。我们想强调的是人类存在的意义——对真相的追求,以开拓我们的视野,探寻未知与永恒。

本书讨论的是关于敌对双方之间的和解,具有深刻的现实意义,并非纯粹的学术研究。我们通过我们俩的故事来证明:两个截然不同的生命在同一个地方开端,尽管他们互不相识地成长,最终却注定会相遇。

实[①]在上海长大。1946年他被遣返日本,在那之前,他已经以日本天皇子民的身份在中国生活了近十三年。

[①] 即作者葛西实,下文中多次出现此单名。——译者注

我①也在中国长大,先后生活于四川、山东和上海,但战时却因英国与日本处于敌对阵营而被关押进了集中营。

在贝拿勒斯印度教大学求学期间,我们初识了彼此,并惊奇地发现,当年战时我们都生活在上海。那时,无论从何种意义上来说,我们都处于对立面。我们住在黄浦江的两岸:实住在北岸的上海市区,我则生活在充斥着垃圾和废弃工厂的肮脏的南岸。我们处于战争的对立阵营:实是日本人,而我是英国人。我们拥有不同的信仰:实在日本神道教的寺庙中祈祷日本战胜美国,而我的父母却是基督教传教士。我们的生活状况截然不同:实是统治集团的一分子,而我则是集中营里的一名战俘。

实的人生轨迹在1945年由上海回到他的家乡——日本。为了探究基督是否能成为黑暗中的明灯,他进入了东京国际基督教大学学习。这一时期,他已然开始了探寻和解之旅。随后,他赴美国普林斯顿大学学习,并被马丁·路德·金在反种族歧视运动中放弃使用武力的做法所吸引。1960年,他前往贝拿勒斯印度教大学攻读博士学位。在那里,他发现甘地是和平非暴力主义当之无愧的古鲁②。回到日本后,通过一个灵修团体以及在他的帮助下创立的基督禅协会(Zen Christian Association),他开始从事个人间与国家间的和解诉求工作。

---

① 即作者巴兹尔·斯考特,下文中多次出现此名。——译者注
② 古鲁(Guru),印度教的宗教导师或领袖。——译者注

也正是在 1945 年，我重获自由，回到了此前一无所知的英国。近二十年后，我来到了印度。1963 年到 1965 年间，我在恒河岸边的一所印度教大学学习哲学，并在这里第一次见到了实。这是一次令我惊讶的邂逅，也是战后我首次接触到日本人，但却成为我在和解之旅中意义深远的一次经历。不过对本书来说，这可能只是一颗永不会发芽的种子，因为后来我们失去了一切联系。

然而，在四十年后，我们的生命再次出现了交集。一次偶然的机会，我在剑桥结识了一名日本退休教授山本，正是他帮助我们恢复了联系。此后，我和雪莉前往日本拜访了实和淑子。日本之行使我认识到，和解之路远比我想象中的要漫长。战后六十年，我才第一次真正接触到了日本。在这次会面中，实和我共同来到了中国上海，先后踏上了黄浦江的两岸，一起重访了我们曾经居住过的地方。和解，并不仅仅意味着相会于桥梁的中央，更应该是共同前往两岸，去看一看对方眼中的风景。

此后，我又数次前往日本，实也于 2011 年访问剑桥，最终我们逐步形成合著一本书的想法。在印度种下的种子终于开始发芽。通过不断的会谈，我们对于本书的基本想法也渐渐成形。我们讨论的焦点慢慢开始集中到中日和解这一问题上。我们也最终在这份失而复得的友情中发现了自己的使命。

在那以后，我更加频繁地访问日本。我们了解到了惠子·福尔摩斯的英雄事迹，她欢迎英国战俘访问日本，并通过这种方式倡导和平。我们共同前往了广岛，原子弹落下时，当时还是孩子的淑子正住在城外。我们还计划一起去中国访问侵华日军南京大屠杀遇难同胞纪念馆,那里记录了1937年那场恐怖的日军侵袭。

我们都关注中日两国间心灵层面上的和解,但却是从不同的角度来思考这一问题的。诚然,实是从日本人的视角来看未来的中日关系,但他始终对中国心存热爱,因为这个国家见证了他的整个童年,是他骨血中不可抹去的一部分。而我虽然不是中国人,但我从小在中国长大,这个国家是我的第一故乡。我对中国的爱根深蒂固,并且随着过去十五年中一次次重访中国,以及结识大量的中国朋友,这份爱意又被重新唤起。在祈祷中日和平这一点上,我们再次达成了统一。

国家间的和解是永无止境的过程,并且在一代代人中不断更新,因此并没有快速的解决方式,同时,差异性也不能够被忽视。今年正值日本侵华战争结束七十周年。① 像我们这样亲历过战争而尚存于世的人,并没有忘记世界大战所带来的破坏,我们有责任把对于战争的强烈憎恶和对于国家间和谐相处的渴望传递给下一代,而这样的精神应当是全世界公民共同的正义遗产。

实在中日和解问题上投入了大量的心血。他在位于富士山附近的山间小屋中立下誓言,要通过和平研究使不同的宗教和国家联合在一起。印度这个国家始终烙在他的心中,甘地反对战争、提倡非暴力的举动也使他钦佩不已。他将日本的和平宪法视若珍

---

① 前言写作于2015年。——译者注

宝,并且定期开展和平朝圣活动。

在本书的最后,我们共同探讨了中日和解探寻中仍然存在的一些重要问题。

我们并不妄图说服谁,无论是国家领导人、政客、经济学家、企业家、学者、神学家或是媒体。你会发现本书中没有学术性论述,尽管实此生绝大多数时间都在大学中学习或从事教学工作。我们的书只是一个见证,记录我们曾历经的岁月,立足当下,展望未来。

和解需要对未来的全新视野,并非只是达成一种共识,而是要能更好地使中日两国在信任与和谐的氛围中砥砺同行。世界的前景尚未可知,一切都有可能发生,我们祈祷中日两国能摆脱历史的束缚,怀着感恩与希望携手迈向未来。

目 录

致谢 | 1

序 | 艾伦·亨特 | 1

译者序 | 刘成 | 1

前言 | 1

巴兹尔的上海集中营生活 | 1
浦东集中营 | 3
集中营生活 | 10
与日本人的关系 | 15
无法抹去的伤痕 | 20
释放 | 22
回顾 | 26

实的上海战时生活与日本战后生活 | 29
上海战时生活 | 31
日本战后生活 | 33
求学日本东京 | 37
从日本到美国 | 44
从美国到印度 | 47

相会在印度 | 51
前往印度 | 53
有缘相会 | 59
探寻中日和解之旅 | 65

实的和平朝圣之旅 | 73
从哈佛到东京国际基督教大学 | 75
实的中国情结 | 83
新津春子的故事 | 85
女川海啸的故事 | 87

重逢 | 89
久别重逢 | 91
共赴日本 | 96

同访中国 | 99
重访中国 | 105

两座城市的悲伤记忆 | 113
广岛 | 115
南京 | 121

中日和解的努力 | 127
日本的努力 | 130
中国的努力 | 163
中日两国政府关系 | 191

中日和解的视角 | 195
过去、现在和未来 | 198
宽恕、道歉与和解 | 200

中日和解的准备 | 213
探讨中日和解的原则 | 215
中日双方已经做了什么 | 217
日本还可以做些什么 | 219
中国还可以做些什么 | 230

两位作者的和平对话 | 241
从神圣现实中觉醒 | 244
高森草庵的重要性 | 257
不要再有战争 | 267
核武器 | 276
历史责任 | 281
学生和青年交流项目 | 290
团结在人类大家庭 | 297
共同憧憬和平未来 | 305

后记 | 312

巴兹尔的
上海集中营生活

浦东集中营

从山东一路南下到上海，是一段漫长的旅程。缓慢行驶的火车载着我们这些原本被拘禁在潍县（今潍坊）集中营里的孩子，行驶了整整一天半。我既害怕又兴奋地品尝着集中营外自由生活的滋味，即使这不过是在一列火车上。尽管如此，在前往餐车的路上穿梭于不同车厢之间的旅行仍是我们的一大乐趣。至于当时吃了些什么，时隔多年我早已忘却，但唯一可以肯定的是，一定比我们在集中营里的伙食要好上很多。看守也意外的和善，有些甚至会冲我们笑一笑，或许是因为我们让他们想起了自己在日本的儿女吧！谁知道呢？我们这些孩子，总共就十二至十五人，也没什么威胁性。再说了，这只是一列普通的民用火车，并非军用交通工具。

当我回忆往昔时，我发现我很难解释为什么日本当局要费心将一群孩子从千里之外送回上海，送入他们父母的怀抱。在1943年11月我被送往上海时，所有外国人都已被禁止出入。我们在潍县学校的老师请求军方将我们这些孩子送回到在上海的父母身边。

他们还希望能够允许两名教师同行，以便我们得到充分的照料和管制！日本当局拒绝了后一要求，但他们同意让我们与父母团聚——这在战时是一个不可思议的人性化举措。因此，我和我的姐姐得以在上海重聚，并被编入同一个小组，一起被送往浦东。

我们抵达黄浦江东岸时，夜幕已然降临。一个高大的身影穿过漆黑的夜色向我走来，我看不清他的脸，只有一只熟悉的手向我伸来，抓住了我。这正是我的父亲。距我上次见到他，一晃已是三年。那时我从上海的码头出发，前往寄宿学校，他挥手目送我离开。那年我才六岁，而如今我已九岁。

上岸后，我们踏上了通往"新家"的路。这条狭窄的小道夹在两面砖墙间，夜色笼罩下，我们已经很难看清它了。二十分钟后，我们被再次关入集中营，带刺的电网和紧闭的大门将我们与外界隔绝。但这一次，我们住进了一座三层厂房的顶楼。除了成排竹席墙之间的狭窄过道外，每一寸都被挤得满满当当。父亲带我们穿过竹席墙，来到了我们的"小家"，来到了母亲的怀抱。

浦东集中营——一位艺术家对集中营与外滩的印象①

① 出自肯尼思与弗朗西丝·麦卡尔的《月光普照大地》。Kenneth & Frances McAll. The Moon Looks Down[M]. London: Darley Anderson, 1987.

我们的"新家"长约4米、宽约2米。在这里,每个人都可以分到长约2米、宽约1米或总共约2平方米的空间。鉴于我们一家有四口人,因此可以分配到4倍也就是约8平方米的面积。"家"的宽度刚好只能放下一张双人床,剩下两侧则分别摆放我和姐姐的行军床。尽管蜗居在这样一个逼仄的空间里,但在我心中,能和家人共同生活已经是莫大的幸福,这份喜悦超越了失去自由的痛苦。我和姐姐在芝罘(今烟台)的寄宿学校中已经生活了多年,一直与父母分隔两地。姐姐甚至更可怜,她比我大五岁,1936年就离家去了学校,只有在1939年和1940年的假期见到过父母。这段与至亲分隔的经历给我们俩留下了深深的精神创伤。对我而言,除了1940年至1943年间与父母的分离外,1941年12月日军偷袭珍珠港导致太平洋战争爆发,我在集中营里度过一年岁月,更加剧了我的痛苦。因此,能够与父母一道入睡,一起醒来,共同进餐,彼此不分离,这样的日子即使只有短短的一天,都是非常令人欣慰的。在集中营的最后一段日子里,我们都期待重返家园,而我的母亲却对此有些伤感,因为她觉得或许我们一家人再也不会在一起生活这么长时间了。

我们"家"的一边是我们的英国朋友肯·普赖斯与薇拉·普赖斯。夜晚,帘子在我们中间升起,到了白天,帘子被掀开后,我们就可以穿过双人床相会。另一边则是一对来自白俄罗斯的夫妻,但隔在我们中间的竹席墙从未收起过,因此,我们一直未能认识他们，现在我也想不起他们的名字了。我唯一记得的是他们身上的大蒜味，这使我此生再也不想闻到大蒜的味道。

在我们"家"的尽头有一扇窗，从窗口向外眺望，可以看见田地与黄浦江，一路延伸至外滩。在这里度过的两年中，外滩的剪影一直是我梦中不变的背景墙。它不仅印刻在我的记忆中，更融入了我的感情里。同时，它也是未来的象征，象征着我们终有一天会穿过黄浦江，重获自由。

浦东集中营并非我对上海的第一印象。事实上，我首次来到上海是在1939年的夏天。当时我的父亲被任命为中国内地会①的秘书，从四川来到上海赴任。父母带着我从重庆出发，辗转经过昆明、河内、海防和香港，这是一段颇为奇妙的旅程。自1937年起，日军已蚕食了中国东部地区，因而我们不得不采用这样迂回的路线，跨越多个城市。

内地会的总部设立在上海新闸路。当时，这两座六层楼高的大厦是崭新的现代建筑。这两栋楼至今还在，现为上海儿童医院。我在此度过了一年多的时光，1940年的寒假也在此居住。相比四川，这里的环境可谓十分舒适。附近还居住有一些其他的英国家庭，那些孩子就是我那时的童年玩伴。

我们在新闸路的家非常安全，因此，每次有人带我出门时，

---

① China Inland Mission (CIM)，英国人戴德生牧师于1865年在中国创办的基督教超宗派传教协会。——译者注

我们在上海新闻路的家

我都可以进行我的小探险。尽管日本已于 1937 年占领了上海，但那时他们还没有入侵公共租界和法租界。这一切终将改变，但在珍珠港的爆炸声响起前，公共租界内还一切如常。对我来说，乘坐叮当作响的有轨电车和摇摇晃晃的无轨电车都是极大的乐趣。如果没坐上电车，我就坐在黄包车的高座位上，避开电车的轨道，穿梭于人群当中。

南京路上总是商铺林立，熙熙攘攘。著名的百货商场永安和先施，在这一时期总是人山人海。对于一个小男孩来说，最棒的是去冰激凌店，吃上一杯"尼克博克的荣耀"——20 世纪 30 年代的特色冰激凌,装在高高的玻璃杯里,顶部挤上奶油,撒上坚果,再点缀一颗樱桃。

南京路一路通向黄浦江和江畔的著名建筑群,也就是外滩。这里有钟楼高耸的海关大厦、香港上海汇丰银行、国泰航空酒店以及外滩这条"亿万美元天际线"的其他明星建筑。当我现在再回到上海时,我首先想去看的依然是外滩,虽然与黄浦江两岸林立的高楼大厦相比,今天的外滩已相形见绌。

中国内地会总部原址,后为上海儿童医院

集中营生活

如果我们始终被关在自己的房间里不能出门活动，只待在这样一个4米长、2米宽的地方就太煎熬了。所幸我很快发现，浦东集中营里还是有许多能供我探险的地方的。通过屋内外的楼梯，我可以下楼。我们的厂房外有一片夹在两栋楼房之间的空地以及一个公共会议室。除此之外，被带刺电网包围的集中营里还有一个体育场以及一小块菜地。在习惯了绝对自由的成年人看来，这样有限的空间极为压抑，但对于像我这样在寄宿学校生活过的孩子来说，这一切还不算太糟。

除了失去自由，最主要的问题还是食物的匮乏。米少得可怜，还往往掺杂着沙子和老鼠屎。有时我们会得到一些碎小麦，然而其中也混杂着大量的象鼻虫。配汤极为寡淡。偶尔会有几块难以下咽的肉和软骨，比如上海赛狗场的灵缇犬被屠宰后，其中一部分就会被送上我们的餐桌。而我最讨厌的是汤里的萝卜。现在的日本餐馆里也会有萝卜，但它们非常美味，与浦东集中营里的那些萝卜相比，无论是闻起来还是吃起来，味道都有着天壤之别。在战争的最后一年，我们的食物甚至更差。一个原本约 90 公斤的男性战俘最后瘦得只剩不到 40 公斤，足以说明集中营里食物状况之糟糕。

我们时不时能收到一些包裹，也多亏了它们，我们的健康状况才没有变得更糟糕。包裹的来源有两个。因为德、日是盟友，所以我们的德国朋友并没有被拘禁，他们有时能够每个月给我们寄一次包裹。那些萨拉米香肠被小心翼翼地悬挂在我们"家"的一隅，这是我记忆里极为美好的部分。即使是很薄的一小片，也是我心目中无上的美味。

包裹的另一个来源则更加令人激动。在战争期间，我们曾两次收到美国红十字会寄来的包裹。这些包裹的到来使整个集中营都兴奋不已。我从来没见过这么多好吃的，包裹里有大罐奶粉、浓缩巧克力块、午餐肉、奶酪、咖啡和烟草等。那时烟草是集中营里的硬通货，一罐奶粉大约要用 10 包至 15 包骆驼牌香烟兑换。

我还有自己专属的第三个食物来源。这里在废弃之前，曾是一片烟草工厂，所以在男性关押楼前方，集中营的角落里，有一个很大的长方形贮水池。水池三面靠墙，水面贴近墙根处有一圈狭窄的壁架。水池最里面角落处的壁架非常湿滑，常常被水淹没，我从不敢走到那里。但在这个水池钓鱼是我的一大乐趣。我带着我的钓竿和鱼漂，将鱼线直直地甩进混浊的水里。成功钓到鱼后，我就把这些 15 厘米至 20 厘米长的鲤鱼拿到集中营的烤架边。这个铁制烤架有 20 厘米长、13 厘米宽，下面用煤炭加热，一侧甚至还有一个小烤炉。烤鱼实在太美味了，三两下就彻底消失在了我的嘴里。

越过楼房和贮水池是一个运动场。棒球是最受欢迎的运动。一些黑人成了我们的棒球明星，他们原是一艘美国商船的船员，后来船沉没了。他们仍精力充沛，可以完成全垒打。当我回忆那段岁月时，"一振""二振"的叫喊声仍萦绕在我耳畔。另一项团体运动也吸引了众多参与者，那就是足球。我的父亲常常参加比赛，而我当时年纪尚小，未能上场。曲棍球则遭到了禁止，因为集中营里的人们大多营养不良，一有磕碰便会骨折。我们的伙食中缺乏钙质，因此，每当我们有幸得到一些集中营外的朋友寄来的鸡蛋时，我的母亲就将鸡蛋壳磨成粉撒在我们的食物里。我还在那里养成了吃焦吐司的习惯，因为它似乎对身体有一定好处。我至今仍然热爱焦吐司。

运动场周围是"快乐园地"，是集中营里的男人们用几个月时间从碎石砖瓦中垦出的一片空地。那里曾是一个繁荣的小村庄，1937 年日军轰炸上海的炮火中被毁于一旦。这些园地，就像是小型的菜圃，它们被名为"摄政街"和"澳新军团大道"的小路分割成小块。我在其中属于我的小小土地上种下了第一批西红柿，并且尝试对萝卜进行了改良。在这里，我爱上了太阳花。每当看见它们艳丽的花朵在夏日的阳光下闪闪发亮时，我就觉得无比愉悦。这片园地给我留下了美好的回忆。

集中营里共有1 200人，他们来自各行各业，其中一些是老师，因此，营里为孩子们开设了学校，也为成年人开设了一些课程。我十六岁的姐姐在这里经历了几场重要的考试。1945年的夏天，她和另外十个同龄的孩子一起参加了剑桥大学的入学考试。试卷由分散在上海各地的集中营里的大学教师命题。战争结束后，这些试卷被提交到了剑桥大学考试委员会，参与这场考试的所有学生都通过了。与此同时，我也需要参加我的课程，但我现在已经记不起当时任何一位老师的名字了。这对我来说有些不可思议，因为我对之前待过的两个集中营里的学校都记忆犹新，甚至包括我仅仅待了两个月的潍县集中营。

我喜欢用自己的方式从书本中和集中营里的人身上汲取知识。来自加拿大的亚历克斯·麦克劳德是我在那里认的叔叔，他待我视若己出。后来我才知道，他有一个与我同龄的儿子，但远在千里之外的多伦多，与他分隔多年。亚历克斯将他宝贵的袖珍地图集送给了我。这份礼物是我那时最珍视的东西，它使我爱上了地图。我可以在地图上追寻敌人行军的路线，并用纸笔来模拟作战。

幸运的是，集中营里还有一些与我同龄的男孩。布鲁斯也住在我们这栋楼的三楼，离我很近。他和他的父母被特别分配到了工厂起重机处居住。起重机在楼层的角落、主屋的外面,这样一来,他们可以比其他人多拥有一些空间和隐私。尽管如此,我还是很高兴我不住在那里。光是想一想起重机突然掉到底楼的场景,就是一场噩梦了。布鲁斯的父亲本曾在中国西北部的甘肃传教。他体格健壮、脚踏实地、非常务实,总是很有趣,是社会精英的典范。当我和布鲁斯不互相打闹时,我们就去找本,我们一直戏称他为"布鲁斯母亲的爱人"。

与日本人的关系

为了与本书的主题相呼应，我必须回忆一下我对日本看守的看法。与日本开战时①，我年仅七岁；战争结束时，我也只有十一岁。孩子与成年人看待事物的方式不尽相同，但他们往往会吸纳身边成年人的想法，无论是父母的还是朋友的。战时的我或许是非常幸运的，因为我年纪尚小，甚至算不上少年，小孩子对于环境的适应力更强，在适应新环境时也不会思虑过多。

日本人确实令人畏惧，但那时我并没有见过太多日本人，只有我们的看守和士兵。对我来说比较幸运的是，在很多时候，日本看守没有对我们进行严酷的管控。集中营的日常生活由被关押者自己管理。我们自己运营厨房，分配食物，管理浴室，教授孩子们课程，以及举行各种体育比赛。我的父母也可以亲自照顾我。但每天都至少有一次，我们必须与我们的看守面对面，那就是点名的时候。每天早上9点，我们1 200个人排队站在运动场上等待

---

① 指1941年日本偷袭珍珠港后爆发的太平洋战争。——译者注

点名。在这里我学会了用日语报数，"いち，に，さん，し，ご，ろく，しち，はち，く，じゅう……"一直到30。我觉得看守们是明智的，他们预料到外国人可能很难掌握30以上的日文数字，因此，数到30后我们就重新从1开始报数。

点名时很可怕。看守们来回巡视，大声地呵斥我们。我们必须全神贯注地站好，一动不动。如果有谁说话、发出笑声或是动作不对的话，就会被责罚。有时晚上也会点名，比如发生紧急情况，一般都是有人逃跑或是穿过了带刺电网。这样的夜晚总是让我胆战心惊。

一次半夜点名时，我正好在生病，父母将我留在了他们的双人床上，没有带我去点名。更糟糕的是，双人床下正好藏着一个小电炉，而集中营里是禁止持有这个的。看守走了过来，用手电筒对着我照，绕着床边转了一圈，但所幸没有勒令我出去。今天，我可以用开玩笑的口吻提起这件事，但在当时这绝非玩笑。

集中营里不允许我们持有或是使用小电炉，原因很简单，因为它会浪费那时宝贵的电力资源。在我们这层楼上，偷偷使用小电炉的人会机智地将电线藏在木板和木条后面，使用时再将电线抽出来。我们和周围的人都经常使用它。有一个看守专职捉我们这些偷用小电炉的人，我们叫他"电炉恶魔"。每当他上楼时，我们都可以听见他靴子的落地声，以及他1.5米长的军刀叮当作响的声音。然而有一天，他穿了一双运动鞋，没有带刀，悄无声息地爬上了楼，冲进了我们这排竹席墙里。我们的一个邻居被当场捉住。当时他正将一张硬纸板扔进炉子里，纸板就在"恶魔"眼前被火点燃。这成了我们好几个星期的笑料，同时庆幸自己没有被抓到。

还有一个令人不快的问题是熄灯。尽管电灯泡本身光线已经非常暗淡，但我们还是必须将其放进黑色纸箱里。这是为了防止美国战机发现集中营的灯光。战争不断拖延，美军的轰炸也不断增加，我们被要求严格执行熄灯的指令。有好几次，附近的日本海军基地甚至向我们开火，因为他们在空袭过程中发现集中营发出了光线。

与日本人的相处也并非全都是不愉快的。前文中我已经提到在火车上护送我们从潍县前往上海的看守，他们可以算得上是相对友好的。另外，出乎我意料的是，日本人会给我们提供一些医药品，并且允许我们接收上海各地发来的包裹。但即便如此，日本人仍是我们的敌人。

我在纸上模拟作战。我绘制了战场地图，先是俄罗斯前线，然后是法国卡昂和瑟堡附近诺曼底前线胶着的战役。我还专心地研究过太平洋战争。日本方面会对战争进展情况添油加醋，声称美军开往日本的西进军队遭遇了惨败。但我们已经学会透过虚假的新闻来获取背后真实的信息，美军的一些损失事实上正意味着日本海陆军的失败。我们将大家偷偷夹带进来的收音机零件悄悄组装起来，从中获取一些集中营公告板上不会出现的消息。

当美军战机开始出现在上海上空时,我常常站在太平梯上,眺望B29战机在日本战机和高射炮射程之外的高空翱翔,在蔚蓝的天空中兀自闪耀光芒。每当日本战机被击落时,我和布鲁斯就疯狂地欢呼起来。但有一次,当一架日本战机盘旋着坠毁时,身为传教士的老姑娘金杰小姐严厉地训斥了我们。"一个生命消亡了,你们这些男孩怎么还敢欢呼?!"她大声呵斥道。她的话深深地铭刻在了我的记忆中,因为集中营里当时弥漫着极端的爱国主义思想和普遍的爱国热情,她的观念与之格格不入。在我们为击败敌人而喜悦时,这样一个完全不同的声音却突然出现,谴责了我们。她是对的,片刻之后我就感受到了良心上的不安。

日本人对中国人的态度与对我们的截然不同。透过带刺电网,我不时能看见集中营外的马路上中国苦力和黄包车夫被虐待的场景。虽然我们也是囚犯,但日本人不会随便对我们动手,而中国人在他们眼中却是被征服的种族。

我爱中国,即使当时这个国家的人民生活水平不高,城市和村庄的道路也不十分整洁。我非常热爱优秀的中华文明,喜欢中国食物。在四川生活时,我常与当地的中国孩子玩耍,中文水平甚至与一般中国儿童相当。如果被问及为什么我对中国美好的文化持有如此高的敬意,我必须说这来自我的父母,他们对这片土地爱得深沉,并将他们最好的年华都奉献给了这片土地上的人民。另一个原因是我在阆中长大,这座古城中美丽的庭院和贡院伴随了我的成长。我对中国的爱意就更好解释了。我从小在中国长大，这里承载着我人生前九年所有的记忆，是我魂牵梦萦的家乡。四川在我心中如此美丽。我在芝罘的寄宿学校时虽然与父母分离，但这座城市的海湾和沙滩却是如此迷人。精致繁华的上海也给我留下了太多有趣的回忆。

无法抹去的伤痕

1944年6月,病魔击垮了我。我从剧烈的头痛中醒来,感觉有人在重重地敲打我的太阳穴。我从未有过这样的经历。随着体温迅速升高,我被送往一楼的集中营医院。接下来的五天里,我的意识仿佛在空中飘荡,直到一根针猛地扎进了我事先没有打过麻药的脊柱里。他们需要提取我的脊髓液做检测。第二天,同样的情节又一次上演,不过这一次我已经很清楚会发生什么。样品被送往江对面的日本医院进行检测,结果证实我感染了肺炎链球菌脑膜炎。

在我生病的前两天,我们集中营第一次也是唯一一次收到了美国红十字会寄来的药品和医疗设备。在这些药物中,有一种药是新品,集中营里的医生没有见过这种药。从名字可以推测出它是一个新品种的抗感染型磺胺类药物,但药品的包装上没有注明使用方法和用途。不过,谢天谢地,弗朗西丝·麦卡尔不久前刚在爱丁堡大学取得了医师资质,她认出了这些药物,并且知道它们可以被用来治疗肺炎。弗朗西丝只能猜测应该给我施加多大的剂量，并且希望这些药物对脑膜炎也有效。两天后，我的病情开始好转。又过了几天，我终于脱离了生命危险。弗朗西丝常说，我这次逃脱死神的魔爪，是她在战时见证过的两大奇迹之一。

当我被送回三楼后，一场新的战役打响了。脑膜炎的后遗症开始出现，我的左半身有了麻痹现象。我的左腿非常虚弱，以至于我不断地摔倒。这时，一群新朋友来到我身边，帮助我重新站了起来。其中有一个丹麦裔的美国人，他设计了许多方法来训练我的腿部。他将我背在身上，耐心地活动我的手臂和腿部，使它们慢慢恢复知觉。还有一些理疗师会帮我按摩肌肉，直到它们恢复活力。渐渐地，我能够重新正常行走了。对此，我衷心地感谢他们，也感谢上帝。但从那时开始，我的左半身就始终较为无力，左腿也一直比右腿虚弱许多。

浦东集中营给我留下了无法抹去的伤痕，这并非一段苦难的记忆，而是身体上的永久缺陷。即便我后来能够参加学校的所有活动，也在服兵役时通过了许多严酷的训练，但我始终感到自己似乎需要花费普通人两倍的努力，才能勉强赶上他人。这一直是我心中不可告人的秘密，就像是橱柜里的那具骷髅[①]一样，我的"骷髅"就是我虚弱的左半边身体。

---

① A skeleton in my cupboard，英文俗语，意指不可告人的秘密。——译者注

释 放

每个囚犯都渴望自由,我也不例外。但战争似乎一时间看不到尽头。当然,美国人正逼得日军节节败退,后者逐步失去了在冲绳战场上的优势,这场残酷而旷日持久的战役正慢慢接近尾声。战线渐渐向中日战场转移,但这并不意味着战争即将结束,没有人认为日本会投降。事实上,集中营里的美国水手们,也就是我的棒球英雄们,觉得如果能看到"四八年的金门海峡"就足够好了。换句话说,他们完全不指望在1948年前回到旧金山。

原子弹在广岛和长崎上空落下的那一刻,整个世界随之改变。起初,我们以为这只是一个谣言。可怕的原子弹降落在日本的土地上,我们难以想象这是怎样一种恐怖的场面。传闻《上海泰晤士报》头版报道了这一事件,但被禁止发行。我们的秘密收音机也没能告诉我们究竟发生了什么。

接下来几天,不安与兴奋的情绪在集中营里渐渐蔓延开来。直到8月15日(星期三),日本指挥官让英国集中营代表陪同他前往江对岸的瑞士总领事馆,在那里,他正式得知日本投降的消

释放日——英国集中营代表欢迎盟军军官进驻

息,所有看守都被要求撤出我们的集中营。回到浦东,我们甚至有点同情我们沮丧的看守,他们刚刚听到了天皇在东京发表的声明,要求他们投降。他们慢慢散去,而我们也没人想要复仇,只是急切地渴望重获自由,返回家园。

　　装有美味罐头食品的降落伞从空中接连落下,桃子、杏子、番茄、午餐肉、巧克力,各种各样的!这是昭示战争结束的最激动人心的标志。美军战机很清楚地知道我们的方位,他们不断空投这样的降落伞。8月15日之后的每一天,他们都会出现,直到我们获得充足的补给。追逐这些降落伞很有趣,不仅因为有罐头,还因为降落伞本身也是很珍贵的材料。有时食物空投也很吓人。我还记得,有一次我站在运动场上抬头仰望,一堆罐头从我头顶上一架战机的炸弹舱里坠落下来,吓得我逃命似的跑开了!

战争结束后,据美军驻上海的指挥官透露,美军将于8月15日的两周后在上海发动一次大规模袭击。在我们集中营几百米开外靠近黄浦江的地方,就是日本海军基地,如果美军发动袭击,我们也会不可避免地被波及。如果我们的看守拒绝投降、坚持顽抗到底的话,我们也不得不和他们发生冲突。我们不知道他们会对我们做些什么,但我们害怕会发生最糟糕的结果。

就冲绳战役的情况来看,如果战火蔓延到本州的话,日军很可能是会坚持作战到底的。同样地,驻中国日军也很可能会拒绝投降。如果战争继续下去,成千上万的中国、日本和盟国的军民都难逃一死。这样的残杀,仅仅想一想,就令人胆战心惊。因此,对于美军投下的两颗原子弹,我一直怀有很微妙的看法。一方面,如果日本天皇没有被迫命令日军放下武器投降的话,我想我的家人以及数以百万的生命都会消逝在战争的炮火中。但另一方面,我也不能容忍施加于广岛和长崎的无法形容的恐怖。经历过二战的人们都清楚地认识到,在这样一场战争中,没有谁是真正的赢家。本书就是想要警示我们的子孙后代,战争只会带来不幸,而核战争永远不应被合法化。

七十多年过去了,隔着漫长的岁月回溯往昔,我们似乎会想当然地认为士兵和俘虏都能立刻被遣返回国,但当时的实际情况并非如此。有限的船只需要运送大量的人回国，所以直到 11 月，我们才得以离开上海。至于我们的看守返回日本，则是更久之后的事了。12 月 4 日，我第一次看见了英国，更准确地说是看见了威尔士。安格尔西岛在冷谧的灰雾中渐渐清晰，被树篱围住的田地连成一片，仿佛碎布拼成的床单。船停靠在利物浦的码头，不久后我们回到了兰开夏，回到了我们在普雷斯顿的家。

英国也并非安乐窝。我们居住的街道没有被轰炸，但这里实行了配给制。我们必须用配给券才能买到生活必需品，无论是食物还是衣服。对我来说，上学也是一大打击。我进入了中学一年级学习，但相比我的同学们，我已经落下了好几年的课程。而且刚入学时，我的身体状况完全跟不上学校的体育活动。接下来，我花了五年的时间才赶上我的同龄人。我的姐姐很快就离家去接受护理培训，而我被送进了寄宿学校，我的父母则搬到了伦敦市区居住。母亲的担忧确实是有道理的，此后的日子里，除了放假，我们一家人再也没能一起生活过。

回　顾

我知道这样说似乎有些匪夷所思，但当我现在回想那段被日军拘禁的岁月时，我的确很高兴曾有过这样一段经历。不断回顾这一切后，我意识到那三年时光教会了我太多。

首先，我认识到希望是至关重要的。一个人如果丧失了希望，那无异于死亡。在那段艰难的日子里，我们常常徘徊在死亡边缘，但所幸我从未放弃过希望。我的父母对上帝始终怀有无比虔诚的信仰，这样的力量也使他们决不会丧失希望。就像我之前已经提过的美国水手们的口号——"四八年的金门海峡"，象征着他们最现实的希望。他们不指望立即被释放，但他们相信自由终将来临，即使可能需要再一个三年或四年。在此之前，他们都满怀希望地等待着。

集中营里的生活还教会了我物尽其用，绝不浪费。即便到了今天，我还是会本能地节约生活中的一切，并把最好的留到最后。奢侈浪费不应是理所当然。我从未忘记美国红十字会包裹中奶粉的味道，更不用说浓缩巧克力带给我的无限喜悦。

在集中营生活期间，我遇见了许多了不起的人。我认的叔叔亚历克斯·麦克劳德是一个非常慷慨的人。现在我意识到了，他是把自己对于远方儿子的爱意毫无保留地倾注在了我的身上。其他人也非常慷慨，不吝于表达自己的情感。我们是如此亲密无间，除了夜晚的帘子，没有什么能将我们隔开。

在战争期间，我们如果不是盟友，那就是敌人。因此，当有人愿意为敌人说话时，仿佛一道闪电划过我的脑海，瞬间将我惊醒。这就是为什么我能记住金杰小姐振聋发聩的斥责声。当我为日本战机的坠毁而欢呼时，她严厉地谴责了我。感谢上帝赐予我们这样的灵魂，能时刻谨记：即使是敌人，也是和我们一样的人类。

过去二十年里，我在英国从事难民工作。这些难民常常在绝望中等待被释放出难民营。有时我会对他们说："我了解你们的感受。当我还是个孩子时，我也曾有过三年拘禁的经历。"我与他们有一些共同点，即便那已是很久很久以前。我知道，他们决不会向绝望屈服，因为上帝仍保佑着他们。

脑膜炎的后遗症无疑是浦东集中营留给我的最大影响，它给我的左半身带来了永久的缺陷。但我知道，我当初能从集中营里活下来，并且在七十多年后的今天依然健在，这已经是上帝赐予我的奇迹。如果你想更好地了解这段经历，可以去阅读《月光普照大地》[1]。历经磨难的人会愈加坚韧不拔。当我回到英国、踏进

---

[1] Kenneth & Frances McAll. *The Moon Looks Down* [M]. London: Darley Anderson, 1987: 73-74.

学校的大门时,我就注定要付出更大的努力与同龄的孩子们竞争,去追赶那些名列前茅的学生。从那时开始,为了使自己看上去与常人别无二致,我必须付出别人两倍的努力。

希望给予人活下去的勇气,而我们所希望得到的就是自由。在失去自由之前,人们甚至不会意识到它的可贵。重获自由的那天,是与众不同的一天,我们欢庆失而复得的自由,就像天空突然打开,礼物从天而降,落到我们身上。如今,中国人和日本人都应获得自由,不仅要从历史的束缚中解脱,更要从使他们分隔的仇恨中解脱,如此才能得到真正的自由。

我想说的还有许多,包括浦东集中营里的一些往事。但以上这些已足以说明,我并不后悔度过那三年拘禁岁月。

实的上海战时生活
与日本战后生活

上海战时生活

1932年,我在日本岩手县一关市出生。这里是我父亲的家乡,著名诗人宫泽贤治就曾居住在此。宫泽曾是一名老师,他是精神现实有力的见证人,并全身心地关注人民疾苦。他创造性地提出并坚持一种和谐共存思想,这种和谐共存不仅包括宇宙和人类,还包括整个自然界:动物、树木、花朵、河流、土地与天空、日月与星辰。人们被他的事迹深深打动,他的名字至今仍为当地乃至全日本的人民所铭记。他的家乡还专门为他建造了一所博物馆。他还是佛教日莲宗的一名信徒。这份精神遗产通过我的家庭对自然的热爱,潜移默化地影响了我。

出生三个月后,我就被母亲带到了上海。我在上海一直生活到了1946年,也就是战争结束一年后。起初,我的父亲在上海一家印刷公司上班,后来因为工作不顺而跳槽去了一家日本公司,直到战争结束。我的母亲则在上海公共租界的一家美容店工作,她在那里认识了一些西方人。我还记得,后来日美两军的战事进展到白热化阶段时,我非常惊讶地听到我的母亲说:"白人其实挺友善的，有一些真的是非常好的人，特别是基督徒。"后来我的弟弟在与伙伴玩耍时发生了意外，溺死在池塘里，她因此放弃了工作。她没有责怪别人，但一直非常自责。我也从未忘记过这个弟弟的存在。

1945 年 8 月，我听说了原子弹投放在日本的消息。当时日本多个城市都遭受着激烈的轰炸，但最终迫使日本投降的还是投放在广岛和长崎的这两枚原子弹。战败的消息对我们来说无异于晴天霹雳。日本作为天佑王国的不败神话终结了。效忠国家和天皇本是我生命的全部意义，但这一切都被打破了。对于我和当时许多像我这样的人来说，天皇和国家是完全等同的。天皇就是国家，而国家也就是天皇。

1945 年 4 月，我刚刚踏入中学校门。十三岁的我幻想着将来能够进入海军学院学习，为天皇和国家效力。但我的梦想破灭了，我生活的意义也全盘崩塌了。1945 年 8 月至 1946 年 3 月期间，我们学校暂时关闭。我转入一所非正式的学校学习，日语里称为"塾"，于是我与大多数之前的同学分开了。

1938 年以来，虽然一直处于战争时期，但相比于其他地区，上海还是要稳定和安全许多。1946 年 3 月底被迫离开上海时，我们已经可谓捉襟见肘，但相比于在其他地方被遣返的日本人来说，我们的情况还算是比较好的。

日本战后生活

带着越来越真实且难以忍受的失落感，我们回到了日本。我们首先投奔了我父亲的大哥在北方岩手县的家。由南向北的路途中，国内的惨淡彻底展现在了我们眼前。我们路过了不少被炮火摧毁的城市，也亲眼见到了被炸成废墟的广岛。广岛的残垣断壁清晰地呈现在我眼前，我却无以言表。在东京，成千上万的孤儿流落街头。可以说，对当时的普通人而言，生活仅仅是挣扎着苟且偷生。当时我的全部印象就是：整个日本毁于一旦，人民家破人亡、流离失所。未知感弥漫在每一寸空气中，年仅十四岁、刚刚从中国回归故土的我，心中一片迷茫。

在投奔我伯父家的路上，我见到了许多绝望的母亲，她们仅仅是想要为她们的孩子寻觅一些食物。伯父一家见到我们非常惊讶，因为他们从未获悉我们回到日本并要投奔他们的消息。我们精疲力竭、饥肠辘辘的样子吓了他们一跳。此外，要收留一个六口之家也着实吓人。除了父母和我之外，我还有一个姐姐、一个哥哥和一个弟弟。那时，夜里没有电力供应，四下一片漆黑。通信也被掐断，唯一的通信方式是信件。但幸运的是，我们投奔了这样善良的一家人。他们热情地接纳了我们，并且收留了我们长达一年，即便他们自己也非常穷困。现在，每当我回想起他们的时候，心中都充满感激。在那样一段连生存都异常艰难的岁月里，他们仍如此慷慨善良。

由于在日本北部地区很难找到工作，我的父母决定搬到我母亲在长崎县岛原市的娘家居住。在这样困难的情况下，我的姐姐和哥哥一致决定放弃学业开始工作以扶持家庭，但他们鼓励我继续留在学校。1946年4月，我有幸被一关市的一所中学录取。

然而，令我始料未及的是，我与我的同学们之间存在巨大的隔阂。他们视我为另类，而我也确实发现我与他们不甚相同。我曾想过，这也许与我在中国长大的经历有关。毕竟从出生开始一直到1946年回到日本之前，我在上海生活了十三年之久。总之，我与我的同学们一直相处得不太好。

我们居住的地方离岛原半岛很近。17世纪初叶，基督徒们正是在这座岛上与前来清剿他们的武士作战，因为他们不愿放弃自己刚刚建立的基督教信仰。在被彻底镇压并击杀之前，他们坚守了三个月的时间。我的外公、外婆比我在北方投靠的伯父、伯母要年长许多，并且更加穷困，几乎没有收入，然而他们依旧非常慷慨。我过去常常问自己，他们自己都一贫如洗了，为什么还愿意给予我们那么多呢？

母亲在她的家乡并没有找到适合她的工作，而父亲则常常生病，健康状况一直堪忧。所幸父亲最终在当地最小的煤矿找到了一份工作，使我们能够不必依靠他人过活。不久后，我也开始在一个小煤矿里打零工挣学费。在那里，我遇见了许多因战争而穷困潦倒、流离失所的人，聆听他们对苦难的痛诉。这段经历使我开始关注社会最底层民众的心声。

通过打工赚钱，我得以继续进入高中学习，但我的内心却不能平静。我反复追问自己："我为何活在这个世上？生命的意义究竟是什么？"在上海的时候，我学习与工作的全部动力就是为了将来报效天皇和国家。对我来说，天皇和国家是等同的，是我生命的一切。但这个理想破灭了，我的动力也随之消失了。那么，现在我究竟是为了什么而活着？

一天，我在家里的桌子上看见了一本小册子，上面介绍了一个叫作"圣书学园"的学校，自称是"圣经指引下的学习团体"。这所学校由初中、高中和短期大学组成，致力于为新的日本培养新一代日本人。那时我对基督教还一无所知，更没有接触过任何基督教机构。我对其唯一的了解，就是战时我母亲在上海说过的：美国人和英国人并不邪恶，基督徒都是好人。这句话重重地敲打着我的心灵，并使我从那些仇恨的话语中解脱了出来。那段日子里，我的身份认同感从一种使命感中油然而生。这所学校的目标——为新的日本培养新一代日本人——触动了我的心弦，因此我决定进入该校学习。这样的决定十分明智。正是在这所学校学习期间，我成为一名基督徒，并开始了我的朝圣之旅。

我首先被学校的环境所打动：在这里，当阳光洒满地平线尽头连绵的山丘时，我就可以享受与日出日落的交融。大多数的课业都集中在上午，如此一来，我就有时间到校园外的初高中兼任教职。我必须尽快经济独立，因为我的父母还要养育弟弟。他们也的确成功地将我的弟弟抚养成人，供他完成了大学学业。后来也正是我的弟弟和他的妻子一道赡养了母亲。我的母亲就像一个圣人，无论她身在何方，都会尽力帮助身边那些有需要的人。她总是让我想起基督的存在——满怀爱意地对待这个世界。

在新学校里，我认识了一对退休老夫妇，他们是初高中寄宿学生的生活顾问。在校期间，他们的行为深深打动了我。他们与学生之间始终保持一种奇妙的关系，饱含信任与爱意。这些孩子的父母必须不分昼夜地工作来维持生活，因此不能亲自照料自己的孩子，只得把他们托付给学校。我惊奇地发现这些父母对老夫妇的感激之情可谓溢于言表。这对老夫妇是让我看到基督存在于黑暗之中的关键人物。他们还是圣灵派的成员。在战争期间，他们经历了许多磨难，不仅因为他们是基督徒，还因为他们是和平主义者，坚决反对日本右翼的军国主义。他们坚信，和平是破除世界上所有傲慢自负与暴力行为的唯一途径。每周我都要在工作之余抽空拜访他们，一周三次。他们总是会备好茶水，等待我的到来，并与我畅谈，我从他们那里学到了很多。随后，我在学校的附属教堂中受洗。就这样，我以一名基督徒的身份开始了我的朝圣之旅。

求学日本东京

在圣书学园度过了两年时光后,我被推荐进入了东京国际基督教大学(International Christian University, ICU)学习。这是一所新学校,1953年才在东京成立,我此前并未听说过。提交申请后不久,我就被该校录取,成为一名大学生。

抵达学校后,这里的环境首先触动了我:校园本身与一座森林相毗邻,园内还有一间传统的茶园(泰山庄)。站在学校礼堂的顶部向远处眺望,可以看到百里之外的富士山。这样的环境使我深受触动,我期待能在这里与自然进行更加深入的交流,从而启发我的祷告。当我被录取的那一刻,这一切都变成了幸福的现实,我想这都是上帝赐予我的祝福。其间,我常常能遇见学校的园丁,他总是从早到晚一言不发地干着活。在与自然交流和进行祷告的过程中,我时常会想起这位园丁。校长汤浅八郎教授曾盛赞过他,表示他在学校发展过程中发挥了重要的作用。在我心中,国际基督教大学的教授们都占据着重要的地位,我与他们的交流始终围绕一个核心问题,那就是将宇宙和人类看作一个逐渐康复的家庭的重要性。

我永远不会忘记国际基督教大学的校长汤浅八郎。他常常提醒我们,国际基督教大学就是为回应广岛和长崎的原子弹受害者的祷告而成立的。因此,国际基督教大学应始终铭记这些受害者的祷告,并在上帝的召唤下向人类传播福音。为此,我们要舍弃自我,并在上帝精神的指引下涅槃重生,宽恕他人并彼此和解,实现创造性的和平共处。这是上帝对于幸福现实的馈赠,同时也是人类的命运。他常常教育学生,我们这所大学就是要引导学生跟随上帝开始自己的探险,上帝赐予我们这段征程并指引我们前行,最终目的是探寻人类的归宿。

传统茶园泰山庄

汤浅教授十七岁时就移民到了美国。他曾在农场工作过，受此影响，后来他成为一名昆虫学家。随后，他受邀来到京都帝国大学，并在那里担任了十多年的教授。在他看来，那是他人生中最快乐平和的一段时光。但后来他被派往京都同志社大学担任校长一职。他和他的家人在日本狂热的军国主义统治下备受折磨。不久，他对天皇和国家的忠诚度遭到了质疑，所以他被迫辞职。就在这时，他受邀以日本世俗基督徒代表的身份前往印度马德拉斯（现称金奈）参加了一场基督教会议。随后，他又受邀前往美国。但不久后二战爆发，他不得已滞留美国。1945年，他再次被任命为京都同志社大学校长。1953年，国际基督教大学成立，迫切地需要他坐镇，因此他又从同志社大学辞职，成为国际基督教大学的校长。

汤浅教授不担任国际基督教大学校长后，成为校董会会长。八十六岁那年，他访问了尼泊尔。他的儿子在那里的一所麻风病院担任医生。这次访问给他的精神信仰带来了深远的影响。他经历了一场激烈的精神体验，并将其描述为与喜马拉雅山脉的一次对话。在对上帝存在的看法上，他认为人类和整个宇宙是一个逐渐康复的家庭。上帝的家庭不仅包括人类，也包括整个宇宙。我承认，将宇宙和人类看作是逐渐康复的家庭以及上帝的赐福这样的观点，对于大学教师来说不太明智，但汤浅教授是一个特例。能与这所大学里的教授进行交流，对我来说确实是一大幸事。现在回想起他们，我的内心依然充满了感激之情。

在教授中，给我留下深刻印象的是神田盾夫教授。他从事古希腊罗马文学和《新约》研究。他对希腊文《新约》的阐释给许多学生留下了深刻的印象，并激励我立志成为《新约》研究方面的专家。他揭示基督福音背后那场令人震惊的事件①的方式，我至今记忆犹新。此外，神田教授还是我遇见的第一位日本无教会运动②的领袖。

另一位与我感情颇深的是筱远喜人教授，一位颇负盛名的植物学家。他非常关心学生。那时的国际基督教大学就像一个紧密团结的集体，所有的学生和教职工都亲密无间。他本人就是这种氛围的代表。他总是对未来充满希望，这种希望像火焰一样始终在他内心深处熊熊燃烧。很多年后，当我只身在贝拿勒斯印度教大学求学，倍感孤独之时，正是他和他的妻子特地从回日本的旅途中驻足来探望我。我永远不会忘记他对我的关怀。另外，他也是无教会运动的一员。

来自瑞士的教授埃米尔·布伦纳博士与学生探讨战后丛生的社会难题，这给我留下了深刻的印象。我在学校的第一年里，许多学生都饱受战争遗留问题的折磨。很多人生活非常拮据，付不起学费，甚至食不果腹。整个国家都沉浸在战后压抑绝望的情绪中，备受煎熬。

---

① 指耶稣基督十字架受难及复活。——译者注
② 基督教宗教教育家内村鉴三（1861—1930）在日本发起的一场运动，提倡只信仰《圣经》，不从属于特定教派或神学。——译者注

埃米尔·布伦纳教授一直都非常欢迎学生来访，因此有一天我上门拜访了他。我问他："什么是苦难？什么是伤痛？"

布伦纳教授反问道："你为什么会问这样一个问题？"

我回答："人们都在经受苦难，学生们也不例外。我们的父母在战争中失去了他们原有的遗产、积蓄和财物，因此我们不得不打工来维持学业，并且面临着各种各样的困难。于是我们问自己：'为什么会变成这样？'"

我们看不见日本的未来，这个国家已经完全被摧毁了。在这样一片空虚迷茫中，我们只能去思考为什么我们会沦落至此。我们自然地去谴责旧制度，认为是它导致了国家的失败，使日本陷入绝境。在这样的形势下，我们看不到任何希望。我们日复一日地经受痛苦。因此，我问布伦纳教授："伤痛和苦难究竟是什么？"我的英语很糟糕，但他却非常耐心地聆听，试着去理解我的问题，然后用优美的言辞回答了我。我想他还提到了欧洲战争和疾病，但因为我不大能听懂他的语言，我觉得他没有能够真正回答我的问题。因此，我对他说："您没有经历过这样的痛苦，大概不能理解我们的处境。您说的我都明白，但这些话并不能打动我，也没有解决我的问题。"

随后的星期天，我去教堂做礼拜。布道开始前，埃米尔·布伦纳教授说，他要先回答一个学生提出的问题——"我们应该怎样面对我们现在正经历的苦难？"这个学生对他之前的答复并不满意，说"只有当您经历了同样的痛苦后才能够回答我的问题"。

埃米尔·布伦纳教授接着说道:"来日本的一年前,我与我的儿子和他的未婚妻提前庆祝了他们不久后的婚礼,并畅想了他们未来的家庭生活。那时我们都无比幸福。他们高高兴兴地离开了。但一个小时后,我接到了车站的电话:'车站发生了一起意外,您的儿子在意外中不幸丧生了。'我们赶到车站,只看见儿子的尸体冰冷地躺在血泊中。"众人都陷入了沉默。

布伦纳教授沉浸在他的思绪中,一言不发。在一片寂静中,他突然开口说道:"赏赐的是耶和华,收取的也是耶和华。耶和华的名是应当称颂的。"

那天早上,在学校的教堂里,埃米尔·布伦纳教授的妻子就坐在与我同一排长椅的不远处。她小声地啜泣了起来,布伦纳教授也沉浸在悲伤当中。一段长时间的沉默后,他说:"阿门。"布道就此结束了。这正是我在寻找的答案。

那个星期天的早晨完全出乎我的意料。布伦纳教授用他的亲身经历解答了我的问题。尽管我们从书本上学到了许多,但只要我们看不清形势究竟是怎样的,我们就永远无法走进现实。然而一旦我们走进现实,成为现实的一部分,那么基督就永远存在于我们心中,福音也将降临于我们。

关于这个故事和这个早晨的记忆至今铭刻在我心中。不久后的一天,我看见当时身患抑郁症的布伦纳太太在一个年轻姑娘的陪伴下从我面前走过。这个女孩就是他们儿子的未婚妻。她远渡重洋来到日本，陪伴和帮助布伦纳夫妇。布伦纳教授本人身体也一直欠佳，后来被迫回到了他的祖国。我最后一次见到他时，他坐在轮椅上，正准备登船从横滨前往欧洲。

布伦纳教授始终坚信每个基督徒都应传播福音。他曾受邀在国际基督教大学发起一场"细胞小组"运动。每个小组由五到六个学生组成，每周会面一次，共同学习《圣经》，彼此交流问题，以此来坚定对上帝的信仰。此外，每个月都会举行一次全体会议，所有小组都要参加。布伦纳教授相信，通过这种方式，大家彼此之间可以毫无保留，并在上帝的保佑下发生转变。布伦纳夫妇提供他们的家作为场地，每个小组都可以在那里集会。细胞小组的形式激发了我的求知欲。他们常常调侃我，并戏称我为"葛西圣"！

在日本，不论是在中学还是大学里，我与同学们都有些不同。我意识到，十三年的中国生活已经在我的人生中打下了深深的烙印。中国赐予我的祝福远比我想象中的要多。时至今日，我还在不断探索这份祝福中蕴藏的宝藏。

从日本到美国

刚从国际基督教大学毕业,我就得到了一份奖学金,并赴美国普林斯顿大学神学院就读。那时我心目中的英雄是日本基督教领袖内村鉴三。在他的影响下,我也开始致力于摆脱传统教会形式的束缚,向日本民众传播基督福音。在上帝的恩泽下,我来到美国,为我以后在日本的见证做准备。我坚信赴美留学是我能帮助日本的唯一途径。我废寝忘食地学习,这也是我自离开中国后,人生中第一次能将全部精力集中在学业上。然而,在美国的学习对我来说可谓艰难,因为我每周都至少要读完两本英文书。进入第二年后,尽管仍存在一些困难,但我开始觉得学习语言是非常有意义的事,包括学习希腊语和希伯来语。

但在留学期间,我始终被美国的种族问题所困扰,尤其是白人与黑人之间的矛盾。1959年,马丁·路德·金来我们学校的教堂做演讲,教堂里挤满了学生。通常你总能在那里找到空座位,但这一次的教堂却意外地座无虚席,甚至有许多学生站着,我就是其中一员。幸运的是,我就站在讲坛正前方,可以清楚地看见马丁·路德·金。在这次演讲中他提出，成为上帝家庭成员是一种幸福的现实。他的话至今萦绕在我心间。

马丁·路德·金的观点彻底颠覆了我当时对基督教的理解。我对上帝的信仰固然十分坚定，这份信仰像火焰一般始终在我心中熊熊燃烧，然而我追求的还是一种未来主义的完美。当我听完马丁·路德·金的演讲后，我觉得这是对现实的启示，并非遥远的未来，而是此时此刻。"觉醒吧，"他如是说，"看看这幸福的现实。我们同是上帝家庭中的弟兄姊妹，让我们醒来接受上帝赐予的礼物，并像上帝家庭中的弟兄姊妹一样共同生活、砥砺前行！让我们解脱出来吧，从历史上种族隔离和其他一切人为隔阂的束缚中解脱！所以自由吧，让我们从现在开始自由吧！"我感到他在鼓励我们珍惜当下的幸福现实，就在此时此刻解放自我，而非寄希望于未来。这使我大受触动，并对我产生了颠覆性的影响。这是对自由与和解的启示。我觉得上帝正通过马丁·路德·金来传达他的意志，不仅是对美国，也是对全世界。

马丁·路德·金的演讲使我大受震撼和触动。我无法抑制自己宣泄痛苦的冲动，因而就此撰写了一篇小短文并投给了报社，最终在报纸上被刊登出来。我的室友是一个非常善良且乐于助人的人，当他读完我的文章后，他认为这样的文章会给我带来很大麻烦。我非常感激他的善意与提醒，因此我克制住了自己，重新将精力集中在学习上。图书馆再一次成为我的家。

与此同时，我还有一个朋友——斯坦·芒福德。身为基督徒，他对于黑白人种间的种族隔离感到非常痛苦。他支持马丁·路德·金的运动,认为我与他的立场非常接近。在我和斯坦的多次交流中,他告诉我,马丁·路德·金深受甘地的影响,并始终受其精神所支持和鼓舞。对我来说,马丁·路德·金是一位真正的基督徒。他心中的爱与正义给我留下了极好的印象,并鼓舞着来自日本的我。他在真正意义上完全超脱了痛苦与仇恨。但甘地是一名印度教信徒。斯坦始终对甘地的印度教充满好奇,他认为印度教中一定有一种力量,它强大到可以跨越种族的边界,深刻到可以超脱宗教的束缚;一定有一种我们尚未认识到的现实,毕竟我们所拥有的历史经验还只是暂时的。

有时,斯坦会表现出对印度的向往,他想要前往印度,并通过亲身经历来学到一些东西,而非仅仅囿于课本知识。他还邀请我一道前往印度,这样我们可以彼此交流。虽然我直截了当地拒绝了他,但之后他还是不停地重复这一请求。

他坚持邀请我和他一起前往印度。我的这位朋友进一步研究了马丁·路德·金与甘地的关系,提出正是甘地的见证支撑着马丁·路德·金的思想。我开始有些好奇:普遍意义上的印度教究竟是什么?甘地所信奉的印度教又是什么?这一定是一个非常特别的人。带着这样的好奇,也因为我与斯坦不断加深的友谊,以及我们共同的疑惑,我最终决定和斯坦一道前往印度。

从美国到印度

斯坦·芒福德参加了一个国际研究项目,这是一个由大学生基督徒自发建立的组织,致力于关注国际形势下美国的命运。该组织中大多数成员都已加入了校际基督教团契,他们感受到了主的召唤,要求他们生活在非基督教文明当中。他们认为自己需要去领悟这种呼唤,并关注其他国家的形势。为此,他们坚信自己要和普通大学生一起生活,去接触那些非基督教背景的同学,并与其交流。1958年,该组织第一批成员前往了埃及和印度。这些学生怀着坚定的信念出发,并用他们的信件和报告证明这个项目的理念。与此同时,毕竟他们来到了一个完全不同的环境里,因而不可避免地要经受各种各样的考验,有时甚至面临生命危险。没有官方的基金会愿意援助这个项目,只有一些理解这些学生的处境并想要支持他们的民间人士愿意出资赞助。

我和斯坦买到了从纽约到孟买最便宜的船票。这是一艘名为"希腊的火炬"的希腊货轮,同时也搭载乘客,大约要40天才能到达孟买。一路上，它会在不同港口停靠几天甚至一周来卸货。我们意外地发现，这艘船的乘客大多是被驱逐出美国的外国人，因此在这次旅程中我们了解到了许多信息。每天我和斯坦都会聚在一起学习《圣经》，做祷告，以及分享各自的新发现。

因为想要了解一下巴基斯坦的局势，我们从卡拉奇下了船。离船前，我们拜托了船上的一名印度籍基督教牧师，请他抵达印度后帮我们把行李寄到贝拿勒斯印度教大学。抵达瓦拉纳西后，我们发现行李并没有送来（事实上后来也没有收到），因此，我们不得不依靠背包里仅存的东西来生活。抵达贝拿勒斯印度教大学后，我们暂住在了专为外国留学生设立的国际学生之家。

在国际学生之家居住期间，我们注册成为印度学院印度宗教与哲学系的学生。接下来，我们开始寻找可供我们居住的印度学生旅社。几个月后，我们申请到了一个提供给研究生的青年旅社。遗憾的是，我们分到了两个单间，因此不能住在一起，但所幸两个房间是挨着的。

每天早晨，我们先是安静地做祷告，接着一起读《圣经》，随后共进早餐。通常午餐和晚餐我们都是在比拉旅社的餐厅解决，每天的菜单都一样，选择很少。后来我们都消化不良，经常闹肚子，所幸卫生间倒是离得不远。

我们有幸发现了一个《圣经》学习小组。成员都是大学生基督徒，大多是印度南部喀拉拉邦的人。他们来自当地的传统教会，这些教会历史悠久，传说是公元1世纪时建立的。这是一个了解当地生活环境的绝佳机会，通过与小组成员的私人交往，我们还受邀在假期前往拜访他们在喀拉拉邦的家。我们定期和他们一同前往军营里的教堂做礼拜，在那里我们可以用英文做礼拜。活动结束后，来自英国的牧师常常邀请我们去他家里与他一家共进午餐。在印度生活的最初阶段，我们对许多事情都一无所知，这些基督徒兄弟姊妹给予了我们莫大的帮助。

相会在印度

前往印度

在上海长大的日子里，我无论如何也想不到有一天我会在印度生活，并进入印度教大学学习。甚至在我回到英国后，我也从未想过要去印度。英国与印度的确曾经关系密切，但1947年印度独立后，两国关系已经不复从前。那么，究竟是什么促使我选择到印度留学，尤其是到贝拿勒斯印度教大学留学呢？

战争结束后，我的父母只能定居英国。在中国度过的九年岁月包括在集中营的生活，给他们的身体带来了严重的影响。他们从此再未能回到他们挚爱的那片土地。后来，我的父母搬到伦敦居住，而我则进入巴斯附近的一所寄宿学校学习。

我惊讶地发现，其他学生并没有因战争被迫中止学业，因此，比起他们，我落下了一大截。尽管我在集中营里也有上课，但我对拉丁文、法语以及理科课程一窍不通。我用了很多年才赶上我的同龄人。事实上，直到上大学，我才真正赶上那些优秀的学生。

另一个严峻的挑战来自于体育活动对身体素质的要求。尽管脑膜炎的后遗症没有使我成为跛子，但和健康的人的腿比起来，我的腿细得像铅笔一样。和所有正视缺陷的人一样，我下定决心，要抓住一切可能，这份决心使我终身受益。我将过去抛在脑后，努力适应现实。在物资充裕的今天，我们很难想象战后初期英国的生活条件是多么恶劣。现在也很难有人想起，配给制一直持续到20世纪50年代。

我的人生在1955年发生了戏剧性的转变。这一年是我人生中非常重要的一年，或者说是奇迹般的一年。2月，我正式服完了为期两年的义务兵役，从军队退伍。4月，我突然前所未有地亲身感受到了上帝的存在。他给予我的不仅是职业方向上的指引，更是一种呼唤，这种呼唤在六十年后的今天仍指引着我的人生。我两次感知到他的存在，他要求我去担任神职，并向世界传播他的福音。

1955年10月，我有幸进入剑桥大学学习。无论从哪种意义上来说，这三年都为我将来整个的人生轨迹打下了基础。其中，基督徒联盟功不可没，它奠定了我作为基督徒的基础，培养了我基督徒的生活习惯以及对基督教的理解。我加入了基督教学生的集体晨祷，从此由一个独行者变成了团队的一员。在那里结识的伙伴后来都成了我一生的朋友，尽管其中很多人我此后再未相见，但当我回忆往昔时，那段时光的记忆始终鼓舞着我。

1870年至1970年的一百年间，剑桥大学的基督教学生每学期都会组织晨祷会，每周一到周五在亨利·马廷礼堂举行。我们除了为身边的需求而祷告外，还为整个世界而祷告。礼堂内四周有许多公告板，上面密密麻麻地记录了无数剑桥毕业生的名字，他们都曾以基督之名前往世界各地进行传教。现在这些名字早已被世人忘却，但对我来说，他们一直鼓舞着我前往基督希望我去的任何地方，向世界播撒他的福音。

为了搞清楚上帝究竟希望我前往世界的哪个地方，我花了七年的时间。我搜集了全世界教会的发展状况，听取了来自拉丁美洲、非洲、亚洲各地及中东地区的报告，会见了许多传教士，了解了许多国家的需求。最终，我的目光投向了印度。

人们问我："你为什么选择印度？"按常理来说，这个想法应该来源于我在剑桥结识的同学。我们因为对上帝的信仰而紧密联系在一起。然而，我时常回想起的却是与一群来自斯里兰卡的泰米尔族学生共同度过的美好时光。他们带我品尝了他们的咖喱，我也曾吃惊地看着他们吃他们能找到的最辣的辣椒，看着汗水从他们的额头滴落。他们还使我了解到，在斯里兰卡，泰米尔人和主体民族的僧伽罗人之间的激烈冲突从未停止。

斯里兰卡并非印度，因此这与我决定前往瓦拉纳西似乎并没有关系。在这之后好几年，上帝才开始指引我将目光投向印度。我也说不出为什么，总之，到了1961年和1962年的时候，我开始慢慢确信上帝希望我前往印度。

决定选择印度后，我开始思考：我该怎样去那里？谁能支持我？我应该加入什么组织？于是，我着手寻找自己能够加入的在印度工作的组织。与此同时，我在剑桥结识了杰克·戴恩，他是圣经与医疗基督教会（Bible & Medical Missionary Fellowship, BMMF）的秘书。杰克曾是一名海军军官，也曾在印度工作过。有志前往世界各地传教的学生在准备相关事宜时，都会向他寻求帮助。他的观点与开明的思想给我留下了深刻的印象，因此我开始打听自己能否加入他的社团。同时，我还找到了一些其他的社团和教会，它们也有过在印度次大陆工作的经验。

我已经选择要去印度，那我能做什么工作呢？1962年，我已经被任命为伦敦东部一所教会的助理牧师，并在那里工作了一段时间。即便如此，我还是认为印度教会应由印度人而非外国人来管理。外国人应该扮演不同的角色，我也一定可以通过一种更好的方式来帮助印度教会。因此，我并没有试图在印度教会中谋职。

当我将目光投向印度的同时，我听说雪莉从南印度回来了。我在剑桥求学时，雪莉是比我大一届的学姐。我们都是历史专业的学生，相识于学生基督徒联盟。我给她写了信，咨询她我应该去哪里、从事怎样的工作。她从剑桥毕业后，就去了被称为"印度教圣地"的泰米尔纳德邦马杜赖市，在当地一所女子学院担任讲师，并与一个新兴学生组织——印度福音派学生联盟的领导人关系密切。她深深地热爱着印度，并与她在那里的学生们始终保持着联系，这也坚定了我去印度的决心。在大学生中开展工作的想法吸引了我，这似乎正是上帝希望我去做的事。同时，我和雪莉也彼此吸引，我们陷入了疾风骤雨般的爱情，并且迅速订了婚。两个月后，也就是1963年1月，我出发去了孟买。

圣经与医疗基督教会和它之前的一些组织已经在印度次大陆北部地区建立了学校、医院及其他各种机构。因此，我没有像雪莉那样前往南方，而是选择了北部地区。我面临的第一个挑战是学习他们的本国语言——印地语。为此，我来到了阿拉哈巴德的一所语言学校。阿拉哈巴德位于恒河与亚穆纳河在北方邦的交汇点，是印度人口极为密集的地区。

前往贝拿勒斯印度教大学的想法来自于鲍勃·布劳，他是阿拉哈巴德的一名讲师。他与印度福音派学生联盟有一些接触，并且支持他们为基督教学生成立新的团队。当他听说我申请加入了他所属的教会后，建议我前往贝拿勒斯印度教大学学习。他认为，成为印度教大学的学生有助于我了解印度并适应次大陆的学生生活。他的想法非常明智。

在当时，去印度并没有现在这么简单快捷。你可以乘坐飞机，但机票十分昂贵，相当于现在头等舱的费用。多数人，甚至是商务人士，都会选择海路。这是性价比最高的一种方式。尽管当时旅客不多，但还是有许多客轮。我订了船锚航运公司的客轮"切尔克西亚号"的票，从利物浦出发。这艘船由苏伊士运河到孟买，路上用了20天的时间。

1963年2月初，我抵达孟买，随后直接去了阿拉哈巴德。几天后,我学会了几句最基础的印地语。一周后,我与鲍勃·布劳相会,并一道前往瓦拉纳西。他告诉我,贝拿勒斯印度教大学里有一名日本基督教研究生。也正是他建议我尽快与这名学生会面。这名学生就是葛西实。因此,2月15日,星期五,我第一次见到了实。

有缘相会

我坐在人力车里向外张望,同时努力压低我的头,以免撞上过矮的车篷。这是我第一次目睹瓦拉纳西的交通状况。路上骑自行车的人、牛、马车、牛车、人力车和行人乱糟糟地挤在一起,交织前行,只有公共汽车和小摩托车偶尔敢在路上抢道。

道路曲折蜿蜒,车驶过摊铺、圣坛、寺庙、圣池、残垣断壁和神秘的屋舍。到了兰卡,路陡然变宽,两边出现了低矮的商店。店铺里的书本、文具和学生说明大学离得不远了。果然,路再度变窄,人力车放慢速度,驶进了贝拿勒斯印度教大学的校门。

"请问比拉旅社在哪里?"我用磕绊的印地语询问门卫。

门卫抬起手臂指向前方,然后做了一个向右的动作。不久,一块巨大的指示牌出现在了我们面前,显示我们正经过医学院的附属医院。右边渐渐出现了更多砂岩建筑,随后"比拉旅社"的牌子出现在我们眼前。这是一幢两层楼的建筑,上上下下排满了学生宿舍。付完车费后,我走进旅社,找到了管理员。他说我可以直接去实的房间。但到那儿之后,我发现门是锁上的。事实上,大多数学生宿舍都房门紧锁、空无一人。2月的夜晚,天黑得很快,我必须找个人帮忙。

"请问大家都去哪里了?"我问我找到的第一个人。

"学生们都出去参加一个特别聚会了。你找哪位?"

"我找实,一个日本学生。你觉得他会在哪儿?"

"他应该不会参加聚会。你可以去图书馆找找看,他经常待在那儿。"

我谢过这个热心的陌生人,然后走出了旅社,寻找另一辆人力车。夜晚的天气渐渐转凉,尽管白天很温暖,但毕竟距夏天还有一个多月的时间,温度到了晚上就会骤降下来。不一会儿,一辆人力车慢慢出现在我的视线里,我爬上了车。

校园中的小路很寂静,与外面喧闹的城市街道截然不同。一座座旅社延伸开来,其中大多数离路还有一段距离。在一个十字路口,人力车拐了弯,离开了旅社所在的路,又经过了一个操场和一条林荫大道。路上只能见到寥寥几个骑自行车和步行的人。一切看上去都是那么安静而平和。其实就在几年之前,学生罢课曾迫使这所大学关闭了整整九个月。在那个晚上,尽管整个学校有一万多名学生,但在那条路上我却没见到几个。

日落之后,路灯都亮了起来。我也分不清我们经过了哪些建筑,总之,最后人力车停在了一扇庄严的铁门面前。我下了车。图书馆到了。

我到印度才短短两周，却已经感觉恍若隔世，曾经的那些经历似乎都离我非常遥远了。那么，实呢？他会是怎样的一个人？一个日本人为什么会来到贝拿勒斯印度教大学学习？我该如何与他相处？我上一次与日本人接触，还是在集中营的时候。那时我只是个孩子，现在一晃二十年快要过去了。但那一刻我并没有想太多，只想尽快见到实，我已经听说了太多关于他的事情。

然而，实在哪儿呢？我问图书馆前台的管理员："我想要见葛西实，一个日本学生。他在不在这里？"管理员找了一个听差带我来到了实所在的座位。实站起来迎接我。

"太不可思议了！你怎么进来的？"

无论实那时心里在想些什么，他都没有表现出来，仅仅惊讶于不是学生的我能够进入图书馆。他在贝拿勒斯印度教大学攻读年博士学位已有三年，研究的是印度教、佛教与基督教的关系。在那段时间里，他一定见证了太多外国人的去留。这个剑桥的毕业生又能有什么不同呢？

出于一贯的礼貌，他邀请我来到图书馆外的一个茶吧。我们坐在了树荫下的长椅上。在微凉的夜晚，还有什么比喝着印度奶茶更适合聊天的呢？

实也许曾好奇，为什么一个英国学生刚来到瓦拉纳西就这么急着找他，尽管他从之前收到的信中已经得知我希望得到一些关于申请贝拿勒斯印度教大学的建议。

"你可以像我一样，"他说，"在印度学院学习。如果你对印度文化感兴趣的话,这是起步的好地方。学院里开设有梵文与巴利语,印度艺术与考古,历史学,印度哲学与宗教的课程。"

"但我要先提醒你,"他继续说道,"印度学院可能不会再接受一名像你这样神学专业的基督徒了。他们最近刚刚收了一个来自普林斯顿的美国人和一个来自比利时的耶稣会神父。"

贝拿勒斯印度教大学创立于1916年,办学目的是弘扬优秀的印度教文化和印度的古老文明,它的一大特色就是为印度学生提供宗教方面的指导。这所大学位于印度母亲河恒河附近,是瓦拉纳西最神圣的朝圣中心,这样的地理位置与它所扮演的角色,使它无比自豪。同时,它伟大的创始人马丹·莫汉·玛尔威亚坚持认为,这所大学应该向所有学生开放,无论他们信奉什么宗教。因此,贝拿勒斯印度教大学吸引了来自全国各地的学生。此外,从一开始,它就致力于提供高质量的科技教育。

虽然实这样提醒了我,但他还是接着说:"尽管如此,我还是建议你可以申请印度哲学与宗教系的文科硕士学位。我有九成把握你可以申请上,毕竟目前为止还没有人遭到过拒绝。"

他的乐观态度使我放下心来,于是我接着咨询他关于旅社的问题,因为我想知道申请哪一所旅社比较好。和实一样,我也不想和外国学生一起住在国际学生之家里。的确,那是一个神奇的小世界,住着来自缅甸和泰国的僧侣,来自波兰的共产主义者和来自欧洲、美国及其他地方的西方人。但我来到印度不是为了了解其他国家,我想要接近印度学生,并感受他们的希望与恐惧。

实描述了他在比拉旅社的经历。"比拉是文科院系的旅社。文科学生素质普遍不高,主要来自乡村,住宿标准很低。理科院系的名声一般比较好,尤其是工程学院。相反,文科院系一般比较穷,条件就相对简陋。一百个学生要共享一间浴室和一个水池。食物的话,许多食堂都供应,选择哪个取决于你能付得起多少钱。大部分学生一天只吃得起两顿饭,吃得也很差,只有清汤寡水的达尔①和薄煎饼。"

"那你过得还好吗?"我问道。

"嗯,现在我过得还不错,一个月可能只会生一次病。"

"最糟糕的是什么?"

"来自别的学生房间的噪声使我几乎抓狂。但我和范特洛伊神父都认为,这种氛围从某种程度上体现了印度乡村心态,也是很独特的经历,在别处是体验不到的。"

这对我来说或许是个挑战,实的话使我更加下定决心要住进印度学生旅社。有时,融入一种文化比学术研究需要的更多,它意味着要分享生活的方式。我想要留在这里,留在瓦拉纳西,深入印度的灵魂,去探寻是什么塑造了印度人的思维模式,即便他们对印度哲学一无所知。

分开时,我们祝彼此安好。离开后,直到 7 月我正式加入这

---

① Dal,一种带辣味的印度菜,用蚕豆、豌豆或小扁豆制成。——译者注

所大学，我一直在思考我是否能应付得了比拉旅社的艰苦条件。但我不知道的是，实正在考虑从比拉旅社搬到另一所专供研究生住宿的旅社居住。我们俩都想知道：那个 2 月夜晚的会面是否会成为一段友谊的开始？这段友谊又是否会在将来的日子里逐渐加深？我们能否克服种族和国籍上的巨大障碍？我们又会在彼此身上发现什么？它会使我们更加亲近还是更加疏远？

探寻中日和解之旅

1963年7月,我回到了瓦拉纳西。雨季暂时停歇了,四天的大雨浇灭了盛夏的炎热。7月19日,实带我来到印度学院的办公室,在他的帮助和努力下,我拿到了申请旅社房间所需的全部表格。第二天,实将我介绍给了学院的院长及我所在系的负责人代瓦拉贾教授。填了一些表格并付完学费后,我最终在第二周得到了一个房间,但不是在我们之前计划好的比拉旅社,而是在古尔图旅社。

作为同一所大学同一个学院的学生,自从我和实相识后,我们就因志同道合而彼此吸引。其中有两个原因尤为重要:我们是同一所印度大学里的外国人,以及我们都是基督徒。我需要一个能够理解外国人的困难并且了解这所大学的人,而实在贝拿勒斯印度教大学过去的三年里正好已经熟悉了这些。我十分感激他的另一个原因是,他可以理解我对基督的信仰与追逐。

我们还有一个不同寻常的共同点。我们童年时都曾生活在中国,并且住得很近。我已经记不清我们具体是怎样发现这件事的

古尔图旅社,贝拿勒斯印度教大学

了。可能是有一次我们正在谈论彼此的过去,我随口说了一句:"当年战时我在上海的时候,常常见到日本人。"实一定感到非常不可思议:"你怎么会在上海?我当时也在那儿。"这使我大为吃惊。实怎么会战时待在上海呢?原来,我们当时在上海的原因是一样的:我们的父母在那里。他的父亲不是军人,是上海一所民营企业的员工,而我父亲也在上海工作。现在二十年过去了,我们终于相识,不是在中国,却是在印度。这听起来像是一本不错的小说的开头,然而这的确是真实发生的事。上海是我们俩共同的根。

虽然我们确实在许多方面都不尽相同，但这些并不是障碍。正如米洛斯列·沃弗在《排斥与拥抱》(*Exclusion and Embrace*)一书中所说的那样，差异并不是问题。所有人生来都是独一无二的，差异性是个性的基础。仇恨才会使我们产生隔阂。

从个人角度来说，我和实并非敌人，我们从未彼此对立。尽管如此，我们还是有许多深层次的障碍需要克服。我们俩，一个是英国人，一个是日本人，对于自身民族的认同感常常使我们产生矛盾。我们的国家在战时彼此对立，我们自己也曾一度站在对立面上：二战中我们分属两个敌对阵营，且分别住在上海黄浦江的两岸。我们都曾经历过战争的创伤，代代相传的民族认同感是横亘在我们之间的巨大障碍。我们该怎样去克服它？

对我来说，和解的经历分为两个层次。首先，我们的友谊是和解的基础，这对我来说非常重要。1963年7月，当我正式进入贝拿勒斯印度教大学后，我发现我面对的是近8平方千米的巨大校园，成千上万的学生以及几十个旅社。全新的文化使我有些不知所措。那时我唯一的朋友就是实，他帮助我申请进入了印度学院。我第一次以学生身份抵达学校时，他还热情地迎接了我。开始的几个星期，我对这里的陌生环境一无所知，是实一直照顾我，这使我非常感激。他将我介绍给了我在印度哲学系的导师，帮助我在学生旅社中分到了一个好房间。此外，他还指导我填写了所需的表格，付了学费。如果没有他，我大概会焦头烂额。

有些人或许会很好奇：一个日本人待你如友，你是什么感觉？这个想法在我心中其实不是那么重要。因为我们对基督相同的爱已经将我们联结在一起。另一方面，我曾无数次思考，在我第一次来到印度时，居然要完全依靠一个日本学生来适应生活，这是一件多么奇妙的事啊！在我的记忆中，实是我离开集中营后认识的第一个日本人，当然也是我的第一个日本朋友。我并非对日本人恨之入骨，毕竟我们一家在集中营里不曾遭受过拷打或是被强迫劳动。但即便如此，还是有一些过往的因素会使我们产生隔阂，这些困难不得不由基督来帮我们解决。基督为我们所做的一切正是耶稣福音存在的有力证明，它调解敌对的双方，使他们不仅能接受上帝的存在，还能彼此接纳。当你与一个有着完全不同文化背景的人成为朋友时，你就会对此产生深刻的认识，尤其是在对方的国家与你的国家是敌对关系的情况下。

当我们开始一起做祷告后，我们的友谊又进一步加深了。在我正式进入贝拿勒斯印度教大学前，实就写信给我，说他非常期望与我成为朋友。他建议我们每天一起做祷告，这个提议让我非常激动。他渴望"一种充满活力的、热情似火的新友谊，甚至可以融化非基督徒的心"。因此，当我住进贝拿勒斯印度教大学后，我们每天都会见面一起做祷告。

1963年7月至9月的第一个学期，我们尽可能每天都一起做祷告。其他事情我后来也许都忘记了，但这些日子的记忆却是我永生难忘的。在日记中，我这样写道："我仿佛能直接窥探到实的灵魂深处。"障碍都不复存在了，我们彼此毫无保留。实在回忆这段往事时，他认为这是一种"心灵相通"且"超越民族"的会面。

这是一段难忘的经历。我原本并不指望能洞悉一个日本人的真实想法。但当我们一同祷告时，我们毫无保留，我们向彼此敞开了自己内心的最深处。这样一来，我们在上帝面前合一，并净化了所有仇恨的想法。没有欺瞒，没有隔阂，我们超越了所有阻碍。

克罗地亚作家米洛斯列·沃弗曾经受过种族冲突带来的苦难，他这样解释上述现象：

> ……基督徒绝不可以先做亚洲人或美洲人……然后才做基督徒。基督徒身份认同的核心，乃是忠诚感的全然转变，从敬奉自身神明的特定文化，转向一切文化的共同之神。①

不论我们怎样解释在我们身上发生的事，终究是基督使我们彼此和解。他的存在消弭了我们民族上的不同与战争时的记忆。我们渴望成为朋友，也最终在基督的恩泽下成了朋友。

---

① Miroslav Wolf. Exclusion and Embrace [M]. Nashville: Abingdon Press, 1996: 40.

现在当我回望在集中营度过的岁月时，我心中毫无怨恨。我也不恨那些看守。但这并不意味着我失去了批判的本能。我知道战争双方都做过许多错误的事，有些甚至是非常邪恶的。我并没有丧失感情，只是放下了仇恨。这一切都归功于基督和实。

我知道我的一些朋友始终困顿于战时遭受的苦难，无法原谅日本人，并且始终无法克服内心的痛苦。感谢基督将我从这样的痛苦边缘拯救回来。通过实，我建立了与日本人的友谊，并开阔了自己的心胸，脱离了民族情感的局限。宽容使人心胸博大，仇恨蒙蔽同情的双眼。我们都感受到了基督的宽恕中解放人心的力量，因此我们能够彼此拥抱。这转而意味着，我们可以超越民族忠诚的局限，以上帝家庭中的兄弟身份彼此联结。我们都是人类种族中的成员，因而我们彼此接纳。我们之间的共同点比差异性更加重要；我们之间的不同点，即便是种族上、民族上和文化上的不同点，也不能使我们分离，反而使我们更加丰富。

对记忆的治愈是上帝最珍贵的礼物。苦难的记忆总是挥之不去的。即使事件已经过去了很久，这些记忆还是会时常浮上心头，困扰着我们。为了寻求和平，我们努力压抑对痛苦经历的记忆，尤其是那些我们无法承受的部分。这些痛苦的片段常常会闪现在梦中，或是在我们毫无防备的时候涌上心头。我们用工作和繁忙的日程来充实我们的生活，这样就可以避免想起可怕的经历。然而，一旦我们闲下来，这些过往的噩梦就立刻缠绕上来。因此，那些经历过二战的恐怖、现在退休了的人们，很可能会被脑中闪现的可怕的战争场景所击垮。如果我们不能彻底消除这些记忆，它们就会持续不断地折磨我们。

有没有解决办法呢？我们当年集中营里的一名医生肯尼思·麦卡尔也在寻找答案。他原本是一位全科医生，后来转而专门研究记忆治疗。（参见他的《治愈族谱》①）当我回想往事时，我可以完整而清晰地回忆起我在集中营里经历过的最糟糕的事，但我已经不再将它们视作痛苦。我并未忘记那些恶行或是苦难。我的解决方法不是去原谅、去遗忘，相反地，我带着愉悦来回忆最糟糕的事。这听起来有些不可理喻，但我可以用学生的例子来做一个简单的类比。一个学生在准备期末考试时，总是被挂科的恐惧所困扰，没日没夜地复习，精疲力竭。然而，一旦通过了考试，他就开始为自己度过的这段艰难岁月而感到无比自豪，因为正是这些苦难使他获得了成功。我的实际情况与这个例子稍有出入，那就是我并没有获得什么成功。我的记忆能得到治愈是上帝赐予我的礼物。上帝使我与基督结合在一起，我又通过基督与实团结在一起，如此一来，我的痛苦便得到了消解。

和解带来希望。这是我在与实的友谊中获得的另一份礼物。这个世界充满苦难，它们产生于民族、宗教、种族、阶级、家庭以及个人之间的仇恨。其中一些隔阂太深，以致似乎无法愈合，曾经的敌人想要重新团结在一起似乎是不可能的事。但在上帝的

---

① Kenneth McAll. Healing the Family Tree [M]. London: Sheldon Press, 1982.

力量下，不可能也会变成可能。我们的经历证明，基督专长于使敌人彼此和解。这就是福音的核心，也是耶稣受难的美丽之处。基督拥有一种力量，可以使所有通过他寻找上帝的人团结在一起。这份力量是真实存在的。从这次相遇中生发出的希望并非一种空泛的愿望，而是实际的期盼，那就是上帝会像帮助我们一样帮助其他人。无论他们是印度人、中国人、日本人还是英国人，无论他们信奉印度教、佛教、伊斯兰教还是基督教，基督都会使他们团结起来。对他来说，没有什么隔阂是无法愈合的。

实的和平朝圣之旅

从哈佛到东京国际基督教大学

结束了在瓦拉纳西的博士阶段学习后,我回到美国,成为哈佛大学的一名助教。作为助教,我有大量的时间可以与学生、同事进行讨论。这让我受益匪浅,特别是我还结识了三位给我留下深刻印象的教授。

第一位是威尔弗雷德·坎特韦尔·史密斯教授,他是一位伊斯兰教和比较宗教学历史学家。第二位是罗伯特·尼利·贝拉教授,他的专业是宗教社会学。他是一个非常与众不同的人,他坚持认为,如果一个人想要理解社会,就必须首先开始寻求真理的朝圣之旅。在这样一所著名学府中,这个观点可以说是非常惹人注目的。第三位是来自印度勒克瑙大学的阿瓦德·基肖尔·萨兰教授,他主要研究的是宗教社会学。

威尔弗雷德·坎特韦尔·史密斯和罗伯特·尼利·贝拉都认为全人类是一个逐渐康复的家庭,这个观点对我产生了很大的影响。我们必须要清醒地面对这一现实。此外,萨兰还对此进行了补充,他认为自然和宇宙也是康复家庭中不可分割的一部分。据他所说，这是甘地的观点。

我非常庆幸能在哈佛大学度过这段时光。一开始只有一年，但后来我得到了第二年的延长期。然而，与此同时，我收到了一份邀请函，邀请我回到我的母校——东京国际基督教大学，我最终接受了这份邀请。历经十年在外漂泊之后，我终于回到了日本。

1968年，我回到了位于东京的母校，然而等待我的却是始料未及的局面，这使我非常痛苦。国内正在上演一场如火如荼的大型学生运动，抗议政府对大学自治权的干涉。

国际基督教大学也不可避免地卷入了这场全国性运动中。当我回来时，我发现学生们占领了教学楼，整个学校都处于混乱当中。鉴于此，所有课程都被暂停了，学校的运作全线瘫痪。我被任命为第一男生宿舍的管理员，这幢宿舍楼离学生运动的中心地带非常接近。我和我的家人就住在宿舍楼里，因此在运动期间不得不忍受这一切。当时，仇视大学行政机构和院系是主流思潮。

但出乎我意料的是，宿舍楼里的学生邀请我在公共休息室开设一门晚课。我对此非常惊讶，因为我身为一名院系老师和宿舍管理员，后来又成为学校代理校长的助理，本应被视作既有体系的一部分和他们的政治敌人的。我建议将课程的主题定为研究"我是谁"的意义及社会改革，他们接受了这个提议。这个主题和贝拉在哈佛所从事的研究非常相近。自我认知的意义对社会改革以及后现代的历史来说至关重要，因为我们已经拥有了可以摧毁全人类的武器（核武器）。他们明白，我们为广岛和长崎的原子弹受害者祷告，其实是为了祈祷全世界的和平。这个世界应该从强烈的复仇心态中解脱出来，即便他们经历过的痛苦惨绝人寰。

后来，一些非本宿舍的学生也来到了我的住所。他们是抗议运动的参与者，来的时候甚至身上的棍子和头盔都还没有卸下。他们请我开设一门公开课，主题是关于圣雄甘地对非暴力和社会变化的观点。他们一直采用暴力方式来表达政治诉求，但这同时也使他们非常困扰。这门公开课开设了一年时间，直到我被派往菲律宾。甘地认为非暴力是通往真理的唯一途径，想要理解这样的观点实属不易。

此后不久，我又受邀在基督教对话协会中演讲。听众都是名人，但他们还是热情地聆听我这样的无名小卒发言，这使我深受感动。会议结束后，道明会的天主教神父押田邀请我拜访他的修行所，它位于长野县信浓町的一个偏远村庄中。

1968年11月，我来到了他的修行所。但没有想到的是，当我抵达时，他正在医院接受治疗，不在修行所。当天夜晚，医院打来电话，说他开始吐血，情况非常危急。我和修行所的一些成员一同赶往了医院。医生嘱咐我们不要和押田神父说话，只能无声地打个招呼。我双手合十向他鞠躬，致以日式的问候。他用微笑回应了我，双手合十做了一个祷告的手势，向我打了招呼。我在修行所逗留了几日，但押田神父始终没有出院。在此期间，我每天都会来祷告室做祷告。此外，这里四面环山，其中包括富士

1981年实在修行所稻田中劳作

山，山脚下有一条从山泉中涌出的小溪，我也经常会来这里默祷。

此后，我开始定期访问这所修行所。不久后，我发现修行所拥有自己的稻田，大家仅仅依靠简单的工具来耕田，也不使用化学肥料。那时，我常常与押田神父和修行所的成员们一同在田中劳作。

森林中的纪念花园也给了我很深的触动。这个花园起初是为纪念广岛和长崎的原子弹受害者而建立的，花园里的木柱上刻着一系列纪念性文字。它们纪念的是韩国、朝鲜、中国和东南亚各国遭到日军侵略的受害者，以及在文明世界冲击下受苦受难的土

实与刻有押田神父诗句的木柱

著居民。在最后一根木柱中,押田神父用诗的形式表达了建造这座纪念花园的初衷,即纪念日军侵略下的受害者。这句话用英语翻译如下:

In the sea of infinite, ceaseless tears, I stand for ever.
(在无穷无尽的泪水汇成的汪洋大海中,我站立于此直至永远。)

这句话触动了来自印度的巴胡古纳夫妇的心,他们是甘地的追随者,领导了保护喜马拉雅森林的抱树运动,在印度拥有极高的声望。当他们在森林中参观纪念花园时,我问巴胡古纳先生,这种对受害者苦难的关注是否也是甘地晚年的观点。他对此深表赞同。他还说,这也是他过去十五年中追求正义时所持的观点。我不曾想到他会如此回答,因此深受感动。

我孙女的一位女性朋友想来日本参观她朋友的家。她的父亲是菲律宾著名的律师。1986年,他和他的妻子挺身而出,直面马科斯军队的坦克。他们夫妇二人也拜访了修行所,当他们站在悼念菲律宾受害者的纪念碑前时,他们问我为什么这里会有这样的纪念碑。我告诉他们,我们为成千上万的受害者而哀悼,在精神上,他们都是我们的同胞。听完我的话,泪水湿润了他的眼眶,因为他家里的许多男性成员在战时惨遭日本军人杀害。在日本看见这样的纪念碑,他既惊讶又十分感动。在这一刻,他达成了与日本人的和解。

类似的还有一对从香港前来高森草庵的中国女孩。她们看见为悼念日本侵略中的中国受害者而设的纪念碑后,也感动得热泪盈眶。与她们交谈后,我发觉她们是将中国受害者当作全人类的一部分而悼念,全人类都经历了战争与暴力带来的苦难,时至今日,这种苦难依然没有结束。

我在高森草庵找到了同样的对现实经历的渴望,这份渴望在我自己的朝圣之旅中也非常重要。在不断的默祷和对"无战争"

为悼念日军侵略中的中国受害者而设的纪念碑

的追求中,我发现我的信仰愈发坚定了。

和平朝圣是在押田神父逝世后开始的。他去世后,我们思考了很久,想知道我们应该做些什么来延续他的工作。最后我们达成了共识,上帝通过押田神父给予了我们精神上的遗产,而和平朝圣是对其最好的继承。因此,修行所成员开始在长野县进行每月定期的朝圣之旅。最近几年里,我们还决定突破偏远地区的地域局限,前往东京并结识更多的人。在当前日本政府提出修改和平宪法的关键时期,和平朝圣显得尤为重要。向傲慢和自私屈服是非常容易的事。因此，我们亟须清醒，与所有向往和平的人们团结起来，包括许多像我们一样渴望和平新纪元的中国朋友。

　　和平朝圣的目的就是共同深化和延伸对和平的祈祷。当我们清醒地面对现实时，这种祷告就应运而生了。在黑暗的包围中，我们却沐浴在祝福之下。我们只需要清醒地认识现实，就可以自然而然地做出回应。当人们觉醒后，就没有人能够阻止这种回应了。我们可以借此突破过去的束缚。世界正满怀喜悦与感激之情等待着年轻的一代。世界各地的人们都会做出回应。但与此同时，政治形势也非常关键。这就是为什么我们的任务如此迫在眉睫。我们为什么要顽固不化，拒绝清醒地面对现实和接受这份祝福呢？

实的中国情结

我告诉巴兹尔:"中国存在于我的血肉之中。"我向他分享了这份感情,但却并不确定它究竟代表着什么。

后来我看了一部电影——《千里走单骑》,然后又看了一档纪录节目,讲述了日本广播协会(NHK)制作这部电影的过程。这使我终于明白了这份感情。

这部电影由张艺谋导演、高仓健主演,主题是关于爱。故事很简单。高田冈一(高仓健饰)的儿子来到云南小城丽江,并观看了一场当地舞蹈。这场舞蹈给他留下了深刻的印象,于是他发誓第二年要回到这里再看一次。但他患上了严重的疾病,因此无法兑现誓言了。于是,他的父亲高田冈一决定代替他回到丽江,兑现儿子的誓言。但舞者进了监狱,因此高田冈一被安排在监狱观看舞蹈。然而,就在表演开始前,舞者哭了起来,说看不见自己的儿子他就无法跳舞。于是,高田冈一前往他的村子,带回了舞者的儿子。见到儿子后,舞者跳起了舞。高田冈一为自己的儿子录下了这段舞蹈。

在我看来,《千里走单骑》这部电影的关键在于张艺谋与高仓健之间的关系,即彼此间的喜爱、尊敬和信任。在电影创作的过程中,他们的关系越来越紧密。这种关系影响并渗透进了整个参与电影制作的团队中,因此,尽管存在着看似无望的差异——当地演员都不是专业演员,而唯一的专业演员是日本人(高仓健),他并不会说当地语言——整个团队还是成了团结的集体。更令人惊奇的是,在电影制作的过程中,美丽的山峦、土地和村庄也成了集体的一部分,每个人和元素对彼此来说都如此珍贵。这就是美丽的中国。我感觉我也被邀请进入了这个集体中。因此,我发现了我的另一重身份——"美丽的中国的我"。现在,我将"中国情结"视为我的另一重身份,它深化了我的日本身份——"美丽的日本的我"。

新津春子的故事

新津春子的见证给我留下了深刻的印象。她的父亲是一名日本孤儿,从小被中国父母收养。他以中国人的身份被抚养成人,因此自然地认为自己是一名中国人。十三岁的时候,他的中国父母去世了。他们在去世前才告诉他,他是一名日本人,并向他出示了他生父的照片和字迹作为证据。他们嘱咐他在合适的时机到来之前,不要透露自己日本人的身份,以免招致麻烦。幸运的是,他成了一个小型修理厂的童工,在努力工作的同时,他也没有懈怠学业。后来,他成了工厂中的重要人物,并与春子的母亲结了婚。他们虽然贫穷,却很幸福。1972年后,日本向遗落在外的本国孤儿敞开了大门,春子的父亲决定回到日本。当春子的父亲是日本人这个消息传到学校后,她的朋友们开始向她丢石头。

回到日本后,春子也需要克服各种各样的问题。但现在,她在东京羽田机场工作,这座机场是世界上极为干净的机场,她正是维持这一荣誉的关键人物。2013年和2014年,羽田机场曾两度被英国 Skytrax[①] 评为世界上最干净的机场。

春子对羽田机场有自己的设想，希望能将其打造成为服务全世界来访者的平台以及中日两国之间的桥梁。她身上有许多值得我们学习的地方。

我非常感激春子的中国祖父母收养了她的父亲。在中日和解进程中，她发挥了重要作用。

[①] 一家以英国为基地的顾问公司，主要业务是为航空公司的服务进行意见调查。——译者注

女川海啸的故事

这是一个美丽而难忘的故事。

面朝太平洋的小镇女川，居住着162名年轻的中国籍女实习生。她们被分进了19个小型海鲜公司中，每个公司都要负责照顾这些年轻的实习生。她们非常喜爱在这个美丽的小镇上一同工作。

2011年3月11日，女川发生了海啸，17.5米高的海浪向她们袭来。这些小公司是怎样履行它们对实习生的责任的呢？我们对此感到非常欣慰：162名实习生全部获救，并被安全地送回了她们在中国的家。

为了让读者们更好地了解其中的状况，让我来举一个例子。佐藤经理引导20名在他厂里工作的实习生来到了神社所在的安全高地。随后，他折返去接他的家人。但海啸太迅猛了，他被卷入海浪中，就此消失。所有的实习生都见证了这一幕。这是一段非常痛苦难忘的经历。整个女川有831名居民死于这场灾难，其中就有像佐藤经理这样的英雄。

我惊讶地发现，尽管经受了这样的痛苦，这些实习生还是不顾家庭反对毅然决然地回到了女川。镇上的居民非常感激她们，重建新女川需要她们的帮助。对小镇居民与实习生而言，也一定存在着彼此之间的喜爱、尊重和信任。如果这样的关系得以深化，那么伴随着重建新女川的共同任务，这个集体就可以跨越差异，得以重生。

这些实习生在一封信中写道："现在，民族的边界消失了。让我们合作重建美丽的女川。女川就是我们的第二家园。"这代表了回到女川的实习生们共同的想法。

这就是中日两国在人民层面上和解的有力见证。

我将永远祷告："中日之间再无战争。"

重逢

久别重逢

经过四十年的分离后，巴兹尔讲述了他是怎样与实再次重逢的，以及这次重逢带来的结果。

两个男孩，一个是日本人，一个是英国人，他们分别在上海黄浦江的两岸长大，奔走于世界各地，最终在印度的腹地相遇。

每当回忆起当初在瓦拉纳西与实的相遇时，我都常常觉得这段往事足以写成一本扣人心弦的战后小说。但我并非小说家，因而从未将这个故事付诸笔端，如果不是四十年后发生的那个奇妙事件的话，甚至也不会有这本书。

那是一个星期天的早晨。我去剑桥外的奥金顿移民中心访问难民。雪莉像往常一样前往剑桥中心的圣三一教堂。礼拜结束后，她转身向她身后的夫妇打了个招呼。在交谈中，她得知他们来自日本东京。这时她突然想起了我们夫妻俩四十年不曾联系过的老朋友，于是她问道：

"您认识葛西实教授吗？"

"认识啊,"俊树回答道,"他是我在东京国际基督教大学的同学,我们在学生时代非常熟悉。我的妻子绿也是实的妻子淑子的好朋友。"

山本俊树教授经常来剑桥,他在市中心附近还拥有一套公寓。那个星期天的早晨,他和他的妻子没有去他们常去的那个教堂,而是拜访了圣三一教堂。俊树是英语文学专业的教授,主要研究的是约翰·班扬的作品。但这还不足以解释他是怎样使我们与实和淑子重逢的。

当实听说这个奇妙的故事后,他非常惊讶。"葛西实在日本并不出名。如果你在日本的一辆公交车上或是一间教堂里随意和人攀谈:'你认识葛西实吗?'他们一定不会知道我是谁。而雪莉在一间英国的教堂里转了个身,看见两个日本人,就问他们:'您认识葛西实教授吗?'然后他们就说:'认识啊!'这也太不可思议了。"

正是这次邂逅中雪莉不经意间的一个小问题,使得我们与实和淑子在阔别四十年后重新恢复了联系。雪莉与俊树和绿的相遇发生在 2005 年的夏天。俊树联系上了在东京的实,并将他的联系方式告诉了我们。我们一拿到地址,就开始给实和淑子写信,后来还与他们通了电话。

接下来的问题是我们怎样见面,到哪里重聚。如果我们仅仅只是互相写了几封信、通了几次电话,那也不会决定合写这本书。从雪莉与俊树和绿的会面发展到这次重逢,其中还发生了两次奇妙的巧合。

巴兹尔和雪莉

实和淑子

实透露说他计划于 2005 年秋天造访英格兰，这使我非常惊喜。他和淑子想要见见他们在牛津的老朋友——默里·罗杰斯和他的妻子。他此前指导过的一个学生当时也正在牛津攻读比较社会学方向的博士学位。我们希望他们可以顺道来访问剑桥。这一次，俊树又给予了我们很大的帮助。他提议让实和淑子夫妇住在他的公寓里，10 月的时候他正好也在剑桥。

第二次巧合更加令人感到不可思议。我们的女儿卡罗尔和她的丈夫帕特里克之前在位于俄罗斯西伯利亚地区乌拉尔山脉的叶卡捷琳堡工作。8 月的时候，他们回来和我们一起度了假，随后计划搬到日本居住。他们为什么会突然选择搬到举目无亲的日本，这对我来说至今仍是未解之谜。他们订了 10 月 10 日飞往大阪的机票，这正好比实和淑子计划抵达剑桥的日子要早两天。

但卡罗尔和帕特里克的飞机延误了两天，而实又临时决定提前一天抵达剑桥，于是他们两行人得以在 10 月 11 日相见。我还记得那天，我带着卡罗尔和帕特里克来到俊树的公寓，这是四十年来我第一次见到实。他看起来精神矍铄，一点也不显老。这是一次很短暂的会面，仅仅是让我的女儿和她的丈夫在前往日本开启生活新篇章之前见一见实。

三天后的 10 月 14 日，我和雪莉在我们自己的住所正式与实和淑子重聚。跨越了四十年的沉寂啊，这是怎样的一天！我们不停地向彼此诉说自己的故事。其中，我向实讲述了 2003 年我在中国为期五周的旅行，这场旅行唤醒了我童年时代对中国的记忆。我在日记中写道，实"非常渴望能和我一道前往中国，此前他们只跟随导游在中国旅行过一个星期"。但在我们共同前往中国之前，我和雪莉首先要去一趟日本。

此前，我从未有过访问日本的打算。但现在我的女儿一家生活在大阪，所以我们的想法也有所改变。实和淑子的来访，以及卡罗尔和帕特里克迁居大阪，这两个重要事件，为我们开启了新的旅程。

共赴日本

2006年9月17日，我们第一次来到了日本。由于九州的台风天气，我们从上海前往大阪的飞机延误了一天。在以前，如果台湾刮起台风，那客轮会延误得更久，有时客轮甚至一直被困在港口中，直到台风消失。或者，搭乘客轮就必须避开整个台风季节。当我们抵达大阪时，天气还很温暖。在夜晚，低档转速的小风扇就可以让我们感觉凉爽。

虽然我们在印度生活过二十年，但日本与印度是完全不同的。甚至可以说，在很多方面，日本与印度之间存在着天壤之别。日本的环境非常整洁，列车也很高效，虽然拥挤，但每班车都会在预定时间准时到达。我们一来到日本，就对此产生了深刻的印象。作为一座大型城市，大阪安静到令人难以置信。人们都衣着整齐，非常礼貌。每天，我们的孙子劳伦斯和孙女德博拉都会带我们去附近的公园，那里有宽敞的人行道以及五彩缤纷的植物园。

到大阪后的第二个星期天，我们一家人一起去了当地的一所教堂，它坐落在一个繁忙的十字路口的角落里。礼拜结束后，牙医山本进一问了我一个意外的问题：

"你爱日本人吗？"

他是不是在说"你喜欢日本吗？"我怀疑这才是他想要表达的意思，因为他的英语不太流利。然而，这个问题却使我一下子陷入困惑。我该怎样回答呢？我才刚刚来到日本，认识的日本人也很少。但我确实认识实和淑子，还有俊树和绿。因而一想到他们，我迅速地做出了回答："是的。"他心满意足，但我却并不满意。

这个问题一直萦绕在我的心中："我爱日本人吗？"从未有人问过我这个问题。如果有人问我："你爱中国人吗？"我会毫不犹豫地回答："当然。"为什么存在这样的不同呢？山本的问题使我不得不认真思考："我喜欢日本吗？"即便这样的思考让我有些不适。

我在日记中写道："或许这一段经历都是在将我对于'爱'和'喜欢'的边界拓展到日本人身上。为什么不呢？我为什么不能离开我在剑桥既定的路，像结识中国人和韩国人一样接触日本人呢？"

沃弗在《排斥与拥抱》(*Exclusion and Embrace*)一书中就曾强调过，如果想要达成完全的和解，那么就必须走得比宽恕更远，包括要在自己心里给他人留下空间。想要拥抱对方，需要的不仅仅是宽恕。"宽恕是位于排斥与拥抱中间的界限……但它在人们之间留下了一段距离，亦即一个中立的空间……"[①] 尽管我已经与实

---

① Miroslav Wolf. Exclusion and Embrace [M]. Nashville: Abingdon Press, 1996: 125.

互相拥抱，认为自己对日本不再心存怨恨，但我却从未想过要来到日本或是接触更多的日本人。我是不是真的困在了这个所谓的"中立的空间"呢？

来到日本两周后，我开始发觉，除了对国家之间和解进程的理解外，关于我自身的和解问题，我也还有许多需要学习的地方。我正处于一场精神之旅中，不仅是在日本空间上的简单旅行。上帝不仅试图要开拓我的思维，更要开拓我的心灵，让我去爱那些我从未想过要去拥抱的人。上帝所要求的爱并非一种情感，而是一种行动，我需要做的是去换位思考，去聆听陌生人的想法，以及去关心他们的切身利益。

两周后，我们离开大阪，来到了实和淑子位于富士见町附近的山间小屋。俊树和绿非常友好，从东京赶来看望我们，因此途中我们先与他们碰了面。他们带我们坐火车来到八岳山附近的小火车站，实和淑子正在那里等着我们。

第二天早晨六点，实带我走到他的"修行所"。在门口脱掉鞋子后，我们加入了屋里已有的其他三人中。这是一个朴素的房间，四面都是木墙，只有一扇窗户。我们坐在蒲席上，做了半个小时的默祷，然后又阅读了《诗篇》和《约伯记》，最后共同诵读主祷文，结束了这次祷告。这份沉默触动了我的心灵。实解释道，默祷对他来说非常重要。我常常回想起我们共同度过的这段宁静的时光。

同访中国

实没有忘记一年前自己在剑桥时的提议,即与我一同前往上海。离开山间小屋后,淑子开车带我们来到了他们在东京的家,这套房子位于一幢公寓楼的顶层,从那里他们可以眺望富士山。当天晚上,实去旅行社询问了是否可以为他订一张飞往上海的机票。回来后,他开心地告诉我:"他们已经帮我办好了下周末去上海的各种预订。"

第二天,我出发前往上海,去见一些朋友,顺便为实的到来做好准备。六十年前,我们处于战争的对立方,现在却成了朋友,一起回到这里追寻童年的足迹,带着对方重访自己当年的住所。不仅如此,我们还将共同游览这座城市,从南至北。周五晚,实抵达上海。周六一早,我们就共同踏上了这段追忆之旅。

首先,我们来到了我当年所在的黄浦江以东地区,即浦东。在过去,没有人愿意居住在浦东。那时,这里一片荒凉,只有几座废弃的工厂和一些被侵华日军破坏的村庄的残垣断壁。然而，时至今日，浦东的摩天大楼已经可以和纽约相媲美了。标志性的东方明珠塔矗立在河岸，上海金茂君悦大酒店所在的金茂大厦傲视群雄。我们首先来到君悦脚下的陆家嘴公园。我估算了一下，这里距江边 800 米左右，差不多就是当年集中营所在位置。我带着实来到了上海城市历史发展陈列馆（东方明珠塔内），在这里我们可以一睹旧时南京路的风貌，其中还有一些等比例复制的旧街道和商铺的模型。接着，我们来到了江边。

俯瞰黄浦江时，我们在江边步行道的角落里发现了一个绝佳的观景地，那里有一片灌木丛，非常阴凉。我们一同坐在那里，注视着江对岸的外滩。这样的风景，当年我曾透过集中营的窗户远眺了两年。海关大楼的钟塔使我想起了大本钟。一旁是香港上海汇丰银行造型奇特的穹顶，再往远处我们可以看见另一个经典地标——华懋饭店（今和平饭店）。这么多年过去了，当年处于对立双方的两个男孩，现在却一起坐在属于我的一侧，共同欣赏我当初看过的风景。穿过黄浦江，来到外滩，对我来说这儿是自由的象征。这个早晨，我感激上帝在 1944 年保佑了我的生命，当年我曾以为我会死去或是落下残疾，但这么多年过去了，我仍然好好地活在这个世界上。

随后，我跟随实来到了他曾所属的江的另一侧，去做一些当年我不曾经历过的事，站在他的角度看待一切。外滩观光隧道太拥挤了，因此我们选择坐地铁穿过黄浦江，然后乘出租车穿过苏州河，从吴淞路一路上行，来到当年曾是日军驻扎地的虹口区。

实想带我去看一看他曾念过的小学。我们找到了那栋建筑，它有着温暖的砂灰色与白色相间的外墙，现在是一所初中，正对着一座医院。那是一个周六的下午，但学校还开着，学生们在认真复习准备考试。没有人阻拦我们，我们走进去，沿着一排排的教室在这栋三层教学楼中漫步。这里还留有不少过去的遗迹，实似乎也能记起许多。

出来后，我们转到背面，看见了苏州河。实带我来到一座桥边，告诉我，他当年经常在苏州河脏兮兮的河水中游泳。他

实与他在上海的老学校

常常违反日本学校的校规,撇下日本同伴们,到这里来和中国男孩一起游泳。他非常喜爱这段美好的经历。现在,实开始意识到,这个举动蕴含着多么重要的意义。他潜意识里认为中国男孩与自己是一样的。他们也的确是和他同等的人。

实在旧时虹口区住过的房子很早以前就已经被毁了,但他还是给我指出了大概方位。当他这样做的时候,他也回想起,当年他每天都会前往神社,祈祷日本早日战胜敌人。当时的他,和他的朋友与家人一样,陷入了狂热的爱国主义。战争使整个日本团结一致,决心打败美国。他们将美国视为魔鬼,恨之入骨,并想要战胜它。

战争期间,这里有十所日本小学,但只有一所中学。实在战争结束后进入这所中学只读了一个学期,随后就回到家中接受家庭教师的指导,直到1946年被遣返回日本。实和淑子2003年来到上海的时候,并没有能够找到这所学校,因为它现在已经成了同济大学校园的一部分。这次,我们成功地找到了它。老楼还在,现在是白色的,门前矗立了一块石碑,表明这是一幢日本建筑。这幢建筑能被保存下来,并且至今真实记录着它日本建筑的身份,给我们留下了深刻的印象。在我们周围,学生们大笑着、嬉闹着,随意地从我们身边穿梭,并没有人注意到我们。这天当中只有一次,有一个人停下来看了实一会儿,怀疑他是不是日本人。

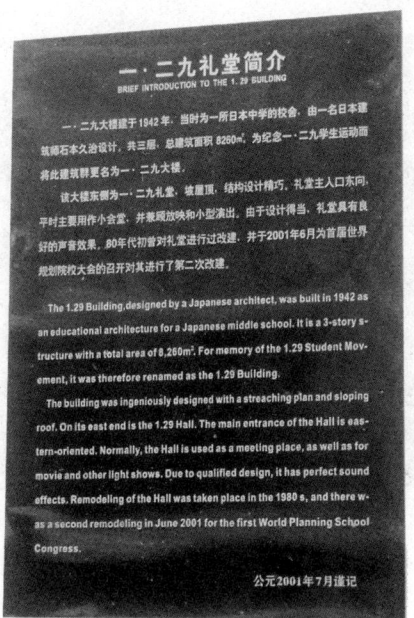

实所读中学门前的石碑

接着,我们一同前往了我在战争爆发前居住的地方。我们乘出租车来到了新闸路。这栋楼的大门外还写着它旧时的门牌号——1531。这栋楼居然还保存着,这是我未曾想到的。这里现在是上海市儿童医院。这栋建于20世纪30年代的六层楼房质量非常好,因此一直没有被推倒重建。我还给实指出了我当年的阳台,当初我常常在那里往楼下的邻居家扔球!这一次我们也得以进入了楼房,四处浏览,甚至还上了楼。

我们还有一个要去的地方,那就是在这附近、位于旧时涌泉

我们在上海新闸路的家（现为上海市儿童医院）

路上的怀恩堂。幸运的是，这座教堂虽然在"文革"期间被严重破坏，但后来还是得到了重建。我们停下来做了祷告，感谢上帝让我们度过这样奇妙的一天。经过这天后，我们心中对于和解的认识得到了进一步深化。我们不再仅仅停滞于桥梁的中央，而是共同来到了两岸，从此岸到彼岸，去设身处地地体验对方的生活。我们从过去的束缚中解脱了出来，并分享了彼此的痛苦回忆。

重访中国

叙述着我们与实和淑子的奇妙重聚，我差点漏掉了另一次不同寻常的重逢——我与中国的重逢。中国是我的第二故乡，但在半个世纪的岁月里，我都没有再踏上这片土地。1945年后很长的一段日子里，我们都无法访问中国。1963年至1983年的二十年间，印度成了我们的家。回到英国后，我们还是继续在印度赴英国移民中间开展工作。2000年，我退休并搬到了剑桥居住，这才开始接触来自中国大陆的访问者。

2000年以来，从中国各地赴剑桥留学的学生数量出现了大幅增长。其中一些是来进行为期一年进修的访问学者和大学讲师，更多的则是来攻读博士学位的学生。我们渐渐发现，中国已经发生了巨大的转变，并仍在不断变化。雪莉帮助了其中一些学生练习英语，我们还邀请了许多中国学生到我们家做客。

2003年，我们决定访问中国。我们的中国朋友非常热情地邀请我们前往他们的家乡。正是在他们的帮助下，我们的旅行最终得以成行。鼓舞我们的还有一些其他的因素。2000年，英国政府发起了一项计划,补偿那些战时在日军占领地区被迫入狱的英国人。起初,我们以为这项计划仅仅是针对军人或成年公民,但后来政府声明,即使在当时还是孩子的人,只要符合条件,都可以申请。因此,我和姐姐申请了这项补助,并得到了每人10 000英镑的补偿,这使我们感到非常意外。于是,我开始考虑用这份特殊礼物的一部分来重访中国。与此同时,我们选择了西伯利亚大铁路这条路线,这样我们就可以顺道去看望一下卡罗尔和帕特里克,以及劳伦斯和德博拉,他们那时还居住在乌拉尔山脉脚下的叶卡捷琳堡。

乘坐火车经过俄罗斯和蒙古是一段漫长的旅程,我们渐渐将欧洲抛在身后,但我还没有做好来到中国的准备。我理智地告诉自己,五十多年过去了,一切都会改变,我可能什么都认不出来了。但是,我大错特错了。抵达北京后,我们的朋友张带我们去了他的家。他的岳母包了一百多个饺子,正在为我们准备午饭。突然之间,美味而难忘的中国北方食物就这样出现在我眼前。不仅是饺子,还有豆腐、木耳、中国的绿色蔬菜以及其他许多美食。童年的香气、味道以及声音的记忆像潮水般涌入我的脑海。是的,这就是我的家,我的中国心从未改变。

从两岁到十一岁这九年期间,我先后居住在四川、山东和上海。行程的第一站,我们来到了山东。我重访了我在烟台就读过的学校,这确实令我有些百感交集。在我的记忆中,当年我住在沿海城市芝罘的时候,那里的人口应该不超过10万。而现在的烟台已经是一座拥有 600 万人口的城市了。当然，无处不在的混凝土早已掩埋了我曾熟知的所有，一切都已改变。我站在旅馆的阳台上，透过窗户向外眺望，那些旧地标在太阳下闪着光芒，这是多么美好的时刻啊！第一海滩、断崖和灯塔似乎比旧日里还要明亮，更加近在眼前。

芝罘国际学校的校园现在归一所海军学院所有。尽管我们的地陪做了很多努力，但我们还是没能获许入内。因此，我们只能站在围墙外的路上向里看一看，然后在校园外的海湾上乘坐小船拍了一些照片。

我是 1939 年五岁的时候来到芝罘国际学校的。比我大五岁

芝罘国际学校

的姐姐从1936年开始就生活在这里了。芝罘国际学校是一所寄宿学校,除了寒假之外,一年中的其他时间我们都要待在学校里。1940年圣诞节假期,我们乘船回到了上海。这条路线走的是水路,一般经过青岛,有时也会停靠在当时大连的旅顺港。那个冬天非常寒冷,上海也下了很大的雪。1941年12月,日本偷袭珍珠港后,我们的境况发生了戏剧性的转变。日本守卫占领了学校,校长被捕入狱,我们的假期也被取消了。一年后,所有的孩子和老师都被送往位于芝罘毓璜顶的一座集中营里。此后的三年,我都生活在日本集中营,也就是他们所谓的平民拘留营里。十个月后,日本人用船和火车将我们运往了潍县。潍县集中营里最著名的囚犯是奥运会金牌得主伊利克·里达尔①,但正如我在前文提及的那样,很快我就和姐姐一起被送往了上海,与父母一同生活在浦东。

就读于国际学校,后来又被关进日本集中营,这段经历带来了许多后果,其中之一就是我失去了说中文的能力。五岁之前,我一直都和中国男孩玩耍,已经掌握了儿童水准的中文。当然,我掌握的中文都很简单,但至少说起来流利自然。我非常遗憾自己失去了说中文的能力,否则今天应该是很有用的。

继烟台之后,我们又重访了潍坊和青岛。在潍坊,第二中学

---

① 英国传教士,1924年巴黎奥运会男子400米金牌获得者,1925年来到中国传教,1943年在天津被日军拘留并被押送到潍县集中营,1945年因脑瘤死于集中营。——译者注

的校长盛情款待了我们。这所学校现在的校址,正是当年潍县日本集中营的所在地,我曾在这里待过两个月。学校和旧医院之间曾有一块伊利克·里达尔的纪念碑。战争结束前的六个月,伊利克在集中营里因脑瘤去世。2005年是伊利克去世六十周年,因此2003年中国政府重建了这块碑,为纪念活动做准备。

接下来,我们从青岛飞往西安,然后转机到了四川。1936年至1939年间,我生活在四川东部嘉陵江沿岸的古城阆中。2003年,我在阆中没有认识的朋友,因此我们转而选择访问成都和重庆。我在日记中写道:"终于到四川了!这是我记事以来最早的故乡,也是我记忆开始的地方。我会有什么感受呢?"

我们的朋友黄带我们去茶楼看了一场传统川剧,然后请我们吃了一顿正宗的四川美食。尽管我在印度已经习惯了又辣又烫的食物,但麻婆豆腐对我来说还是太辣了!五岁的时候我应该没有吃过这样的食物。

从成都坐大巴前往重庆的旅途中,我又得以好好地看一看四川。一路上,无数小山连绵起伏,山脚下都是稻田。四川似乎被称作"中国的碗",但它一定不是一个平坦的碗,而是一个布满褶皱的盘子。我已经无法记起,当我的父亲在旅途中长途跋涉于这个省份时,他究竟翻越了多少座这样的山。

我们在重庆居住的旅馆位于扬子江和嘉陵江的交汇处。1939年,当我的父母带着我从四川前往上海时,就是从阆中出发,一路沿嘉陵江顺流而下的。这段在小帆船上度过的旅程必然十分漫

我在四川坐轿子

长,加之嘉陵江在通往重庆的路程中有太多弯道,全程花了十天左右。我对船和水路总是情有独钟,因此,这次重访我们选择从扬子江一路顺流而下,经过三峡大坝和宜昌。当初我的父母原本也是计划采取这条路线的。但 1937 年日军入侵后,到了 1939 年,中国近一半的国土都已经被日军侵占。因此,我们只能转而乘坐红十字会的卡车,采用非常迂回曲折的路线从重庆前往昆明,然后越过今天越南的边界线,乘火车来到河内和海防。我们从海防乘船到香港,然后再从香港转乘前往上海的轮船。

2003 年,这段旅程已经大为缩短,我们从武汉直接飞往上海,来到了我的第三个童年故乡。我还记得我们曾经的住址——

新闸路1531号。但我从未想到这个旧门牌号还留在建筑的外墙上。我坚信地址已经变了,入口应该也从新闸路转移到了一条平行的路上,因此我们启程开始寻找这栋建筑。我父亲曾在传教总会大楼生活和工作,我们已经得知这幢老楼现在成了一所医院,因此,我们让出租车司机带我们前往新闸路的医院。他将我们带到了一所医院门口,但这明显不是我们要找的地方。我们一路寻去,观察沿途的建筑,这时一位中国男子走到我们面前,用流利的英语问我们:"请问你们在找什么?"我们向他解释了以后,他将我们带到了附近的怀恩堂,在那里我们遇到了他所说的一位老教师。老教师带我们沿着北京路一直走,直到来到那座六层的传教总会大楼背面,这里正是现在的入口。在那里,我非常高兴地看见了我记忆中的那个阳台。我满怀着思绪,四处参观了一圈,然后穿过这幢楼,来到了位于新闸路的后门。紧锁的后门挡住了我们的脚步,但透过门,我可以清楚地看见外墙上的门牌号,上面写着"1531"。

我们在中国环游了五周,其中还分别在桂林和香港游览了四天。很长一段时间以后,大多数西方人才意识到中国正在发生的一切,中国已经开始不断转变。而这次旅行让我们很早就发现了这一点。当时,距北京奥运会开幕还有五年时间,但整个中国都已经做好了准备。全国各地都在施工,从体育场到购物中心,一切都有条不紊地准备就绪了。正如现在众所周知的,这个巨人已经醒来了。

两座城市的悲伤记忆

广 岛

2007年,我和雪莉再次来到日本,去看望我们的两个女儿以及实和淑子。这时,除了生活在大阪的卡罗尔,我们的另一个女儿丽贝卡也搬到了东京居住。因此,这次我们直接来到东京,和丽贝卡一家人住在一起,如此一来,我们就有更多的时间去拜访实的住所和学校了。我意识到,如果我想要继续从事关于和解的课题,那么日本有一个地方我是不得不去的,那就是广岛。当原子弹落在广岛时,淑子正住在城外。蘑菇云上飘下的黑雨滴在她白色的学校制服裙上,那恐怖的一天就以这样的方式牢牢印刻在了她的记忆中,永生难忘。我们非常有必要和她一同前往这座城市。

11月11日,星期天,是休战纪念日,这一天我们与实和淑子一道乘坐飞机前往广岛。那天上午,我先在横滨城外的保土谷英联邦烈士公墓参加了一场休战纪念日活动。《最后岗位》[①] 的号角乐与两分钟的默哀结束后,大使、军人及其他人士纷纷献上花

---

① Last post,英国著名号角乐,军人殉职葬礼或战争纪念活动上均会奏起该乐章。——译者注

圈。一名代表日本缅甸退伍军人协会（All Burma Veteran's Association of Japan）的日本老兵也送上了花圈，这使我非常惊讶。后来，他向我出示了他的名牌，他叫吉野萃一郎。代表缅甸战役协会（The Burma Campaign Society）的田村佳子也献上了花圈，这个协会的成员都是参加过缅甸战争的英国或日本老兵，他们大多时候在伦敦举行集会。佳子和笹本妙子一起开创了日本的战俘研究网（Pow Research Network），调查了日本境内曾关押过同盟国成员的集中营。当时的英国大使格雷厄姆·弗赖伊告诉我，在他的推荐下，佳子和妙子两人凭借对英国战俘的研究而分别获得了大英帝国员佐勋章[①]。

紧接着，我们飞往广岛去见证原子弹带来的苦难。回想起来，我觉得这是正确的路线。虽然只是一个计划外的巧合，但却更鲜明地展现了战争给双方人民带来的苦难。

第二天早晨，我在旅馆第九层的房间醒来，一拉开窗帘，我立刻被广岛的美丽所震撼。这座城市依山而建，七条小河从山顶流淌下来，蔚为壮观。你很难想象如此美丽的城市竟然是在一片废墟上重建起来的。当我们来到市中心后，我们很快就发现到处都是纪念物，提醒我们那样可怕的一天确实曾经发生过。原子弹从一团火球中轰然爆炸，蘑菇云升腾在城市的上空。

和平中心里有新、旧两座纪念馆，它们一同警告世人，核战

---

① 大英帝国勋章第五级，简称"MBE"。——译者注

争究竟意味着什么。参观这些纪念馆本身是非常可怕的经历。一件接一件的展品记录了城市遭到的巨大破坏,但更可怕的是在人们身上发生的那些细节。我和实一起参观了旧纪念馆。这里呈列着许多展示原子弹威力的人工制品。其中包括一些孩子的衣服,他们当时正在为预留消防通道而清理街道,这些衣服是用来预防可能随时掉落的燃烧的弹片。你还能看见一块石头,石头上有一块人形的阴影,这就是那个曾坐在石头旁的人留下的全部印记。纪念馆里还讲述了一个小女孩的故事,她从原子弹爆炸中幸存了下来,但五六年后她患上了白血病。她试图折出一千只千纸鹤,相信这可以给她带来好运。因此,学校里的孩子们至今还在折这样的千纸鹤,并将它们编成长串,悬挂在纪念馆各处。

　　下午,一名核爆炸幸存者带领我们参观了和平公园。灾难发生时他才十三岁,当天老师决定派他们班给位于市中心外围的番薯田除草,那里距原子弹爆炸地点 2.2 千米。他的半边脸被烧伤,但是他活了下来。学校里另外两个班的学生比他们小一些,只有十一二岁,他们全部在爆炸中遇难。他告诉我们,退休后,他每个月都会抽出四天的时间带人们参观,向他们讲述自己的故事。他希望能尽一份绵薄之力,让亲历灾难者的叙述延续下去,并以此警示全世界决不能再动用核武器。

　　和平公园附近有许多重要的地标,其中最著名的是原子弹爆炸遇难者纪念碑。这是一座建在花岗岩上的混凝土拱门,上面放有和平之火,直到全世界所有的核武器被销毁之后,火焰才会被熄灭。碑上刻着所有已知的原子弹遇难者的名字。原子弹爆炸圆顶屋是这座城市被破坏的最著名的象征。这里原是广岛产业奖励馆，当年原子弹几乎就在其正上方爆炸，所以后来人们就用它来纪念这场灾难。随后，我们走进了一座被炸毁的小学的遗址，其中一面墙上密密麻麻地写满了字，都是家长留给他们在那个早晨失去的孩子们和老师们的话，这些被埋在灰泥里的留言后来都被仔细地修复了。还有一块石碑纪念的是原子弹爆炸中的朝鲜籍遇难者，有大约两万名朝鲜人在爆炸中遇难，其中大多数是战时在日军逼迫下被用船送往日本工厂工作的劳工。这座碑刚刚迁址不久，给我们留下了深刻的印象。

淑子还为我们指出了和平公园外一座很小的纪念碑，它纪念的是1945年时的广岛市长，他是一名基督徒。这块纪念碑位于河边，就建在他寓所的旧址上。他和他的家人都在爆炸中遇难，他的房子也被炸毁。虽然纪念馆中没有特别纪念他或提到他的名字，但这位市长却是一位名人，因为他在战时正面抵抗了军队，并坚称他们应该像普通人一样服从警察管制、遵守交通规则。在和平公园会议中心外，我们欣慰地看到了考文垂和解雕塑——两个跪着的人互相拥抱，彼此支撑。在英国原考文垂大教堂的遗址上，我们曾见过这尊雕塑。

我们还会见了国际文化和平中心的主管史蒂文·利珀。一个美国人在广岛担任这样的职务看似是一件很奇怪的事。他的工作是提高国际范围内对和平运动的认识，并在联合国游说取缔核武器。他最成功的事迹是推广了"和平市长"计划，该计划由当时的广岛市长秋叶忠利领导。现在，参加这个计划的市长数量已经非常可观，包括了来自各大洲 160 个国家 6 700 多个乡镇和城市的镇长和市长，尤其是欧洲和亚洲，各有超过 2 500 个城市参加。"和平市长"计划的目的是在 2020 年前废弃所有的核武器，此外还致力于消除贫困和保护环境。

广岛的灾难给全世界人民留下了沉重的记忆。尽管苏联与美国之间进行了四十多年的冷战，全球各地也还在不断发生战争，但在长达七十多年的时间里，始终没有哪个国家敢再拿出原子弹与他国作战。当年的那颗原子弹造成了至少 14 万人死亡。这个数字很庞大，但这并不是最恐怖的地方。最恐怖的是人们死去的方式，有些人在瞬息之间就消失了，剩下的则日复一日、月复一月、年复一年地承受着伤痛与核辐射的折磨，直至死去。1963 年 8 月，大江健三郎第一次来到广岛。在见证了受害者无声的苦难以及原子弹医院里的医生们英雄般的事迹后，他整个人都发生了转变。在《广岛札记》中，他记录了 1963 年至 1965 年间他对广岛数次重访的经历以及每次访问后写下的感想。1995 年，他在此书的引言中写道：

> 在原子弹幸存者看来，正是因为日本迅猛的现代化进程伴随了太多的扭曲，才使得日本在亚洲发动战争，从而导致了原子弹降临在广岛和长崎。因此，他们认为，需要为他们的苦难负责的是整个日本民族。尽管他

们同时也谴责投下原子弹的美国,但他们寻求补偿的对象一直都是日本政府。

1994年,大江健三郎获得了诺贝尔文学奖。他在获奖感言中说道:

> 在二战结束后,日本为重新出发而制定的宪法的核心,就是发誓放弃战争,这是很有必要的。作为战后重生的道德基础,日本人痛定思痛,选择了放弃战争的原则。西欧有着悠久传统——对那些拒绝服兵役者,人们会持宽容的态度。在那里,这种放弃战争的选择,难道不正是一种最容易理解的思想吗?如果把这种放弃战争的誓言从日本国的宪法中删去——为达到这一目的,在国内时有发生策动,其中不乏试图利用国际上的所谓外来压力——无疑将是对亚洲和广岛、长崎的牺牲者们最彻底的背叛。身为小说家,我不难想象,这样的背叛会产生怎样的恶果。

实和淑子每个月都会抽空在他们富士见町附近的山间小屋进行一次和平之旅。他们沿着山中的旧路,一路经过各个圣地。他们也会和一些朋友一起,但这并不是什么公开活动,只是他们自己决心要为和平而一路祷告。

南 京

我们原本计划在 2007 年 11 月底一同前往南京，访问侵华日军南京大屠杀遇难同胞纪念馆。然而，计划却因原纪念馆的闭馆而被迫搁浅，新的大屠杀遇难同胞纪念馆还在建设当中。但 2007 年 12 月，我和雪莉还是一起来到了南京。这次访问是值得的，因为我们结识了南京大学历史系的刘成教授。他是最早在中国高校开设面向本科生和研究生的和平学课程的教授。

2010 年 11 月，我和雪莉才得以正式访问新的南京大屠杀遇难同胞纪念馆。刘成教授和他的妻子何岚盛情款待了我们，并用几天时间带领我们参观了南京。当时，他们自己还不曾去过新的纪念馆，但他们非常友好，带我们去了那里。新的纪念馆外表由肃穆的黑色石块砌成，像是一面长长的黑色墙壁。可怕的雕塑展现了南京人民在 1937 年那场屠杀中痛苦挣扎的场景，更增添了一丝严酷的气息。主建筑里记录着日军所有的暴行。还有几个展区记录了约翰·拉贝与许多其他外国平民和传教士的事迹，他们努力建立了国际安全区来营救中国平民,这给我留下了深刻的印象。

从 1937 年 12 月 13 日日军入侵南京一直到 1938 年 1 月末,其间发生的恐怖事件的确惨绝人寰、令人发指。张纯如最畅销的作品《南京大屠杀》中有一个章节叫作"恐怖的六星期"。在寻找约翰·拉贝日记的过程中,她发挥了关键性作用。这些日记随后被翻译成英文,并以 The Good German of Nanking① 为题出版。拉贝的这些日记给我们留下了证实日军暴行的一手证据。而本多胜一的著作作为日方的研究正好可以与之相互补充。他详细的调查首先以《通向南京之路》为题在日本出版,随后又被翻译成英文,以 The Nanjing Massacre: A Japanese Journalist Confronts Japan's National Shame② 为题出版。我们非常感激本多,他用研究清楚地展现,南京大屠杀并非日军瞬间的失常,而是日本侵略军自 1937 年在杭州湾登陆以来采取的一系列政策的顶峰。从上海东部海湾登陆的日军在他们进军内地的途中一路抢劫村庄,奉行"三光政策",即"烧光、杀光、抢光"。当他们入侵南京后,仅仅是将这种灭绝战争的行径扩展到了更大的规模。那时的他们已经完全丧心病狂:刺杀婴儿,强暴妇女,抢劫穷人,烧毁建筑,并杀死行进路线上所有的人。

---

① 中译本名为《拉贝日记》。——译者注
② 中译本名为《南京大屠杀始末采访录》。——译者注

当日军入侵南京时，约翰·拉贝见证了这场巨大的动乱。他原本希望解除武器投降的中国士兵可以得到人道待遇，但很快，成千上万扔掉武器、脱下军装的士兵们被穷追猛打并像牲畜一样被残杀，他的希望随之破灭。约翰·拉贝决心保护国际安全区中的平民。他不断地发现有日军入侵他的住所，抢劫他的房子和花园，搜索并强暴妇女，他只能不停地挥舞自己的纳粹党徽，逼迫他们离开。在他的私人住宅里，他收留了 600 名中国人。与此同时，还有约 20 000 名平民生活在国际安全区中，那里是他们最后的希望。但即便在那里，他们也并不安全，日军不断闯入，搜寻躲藏起来的中国士兵，并且掳走妇女实施强暴。房屋接连被焚毁，直到半个城市被夷为平地。

对于南京大屠杀的研究常常陷入关于死亡人数的争论当中。然而，毫无疑问的是，所有投降或随后被捕的中国士兵都惨遭杀害，并且其杀害方式令人发指。当时南京驻扎的中国军队约 50 000 人，其中大多数在集体处死中惨遭杀害。平民的死亡数量更是难以估算。本多胜一认为，1937 年 11 月到 1938 年 1 月这三个月间在南京发动的袭击是"空前绝后"。对此，他总结道："没有人可以否认屠杀遇难者数量之庞大。"

时至今日，我们已经很难听到受害者的声音。这是一个悲哀的现象。能活到现在的幸存者寥寥无几。与广岛核爆炸幸存者的数量相比，南京大屠杀幸存者的数量可谓微乎其微。我们拥有的只剩那些已经逝去的人们留下的采访纪实和一些照片。这些照片具有深远的意义。其中一张与众不同的照片拍摄于南京大屠杀遇难同胞纪念馆门前,照片上是一位痛苦的母亲的雕塑。她伸开双臂,托起她死去孩子的尸体,她的头向后仰着,带着无助的悲痛。这黑色的、绝望的身影仿佛在对我们大声呼喊着什么,但凡我们有一点良心,我们都会回喊道:"不要再出现下一个南京了!"

张纯如指出,在 20 世纪 90 年代,南京的旧地标接连遭到拆除,其中就包括许多屠杀地点。1995 年,当她访问这座城市时,她惊讶地发现大多数幸存者都生活在极度贫困当中,哪怕仅获得日本最低额度的补偿款都能大幅改善他们的生活。

南京大屠杀遇难同胞纪念馆记录了许多高尚的外国人的命运,他们都曾参与建立国际安全区,拯救了许多生命。

但不幸的是,约翰·拉贝一回到德国就被盖世太保逮捕,直到他对日军在南京的暴行只字不提后才得以释放。战争结束后,他的境况甚至更加糟糕,生活十分困窘。1948 年,他的悲惨遭遇传回南京后,人们为他发起捐款,并给他寄送了食物。1950 年,他因中风逝世。直到 1996 年,他的六卷本日记才被发现,在第二年得以出版。这些材料至少从一名作为日本盟军的德国人的角度给出了一个中立的观点和见证,并清楚地记载了受害者们的遭遇,尤其是妇女的遭遇。

安全区的女英雄魏特琳时任金陵女子文理学院教务长,她和其他外国员工一样,拒绝离开南京。她不仅关心自己的学生,还悉心照顾那些不断涌入安全区的妇女和儿童。最终,大量妇女的到来使她有些应接不暇。她不止一次直面了那些搜寻女孩进行施暴的日本士兵。这样的精神折磨使她精疲力竭。1940年，她陷入了严重的精神崩溃，被迫返回美国。1941年5月14日，她选择了自杀。

尤需一提的是，张纯如后来也患上了抑郁症，并于2004年自杀身亡。在研究1937年南京发生的这场可怕大屠杀的过程中，她经受了太大的精神创伤，这是导致她自杀的重要原因。

中日和解的努力

南京大屠杀和靖国神社这两个战争遗留问题，一直是笼罩在中日两国关系上的阴影，并始终存在巨大的争议。它们都有关于对战争的记忆，也体现了两国对于历史的不同看法。此外，还有一些其他的事件，如卢沟桥事变、重庆大轰炸，以及日本军队使用"慰安妇"的行为等等。中国对于日本官方层面做出的道歉并不满意，并且指出日本学校教科书淡化了日本侵占中国的史实。自1980年以来，日本虽然已经在中国投资超过10亿元，但这并没有改变多数中国民众对战时日军暴行的恨意。虽则如此，许多个人和团体仍在为两国和解而努力，中日双方都还存在和解的迹象。

日本的努力

日本与战俘

布赖恩·麦克阿瑟讲述了 1942 年至 1945 年间发生在被日军俘虏的英国、澳大利亚、荷兰和美国籍士兵们身上的故事。这是一个被遗忘的故事,但却充满了令人难以置信的痛苦记忆。①

根据远东国际军事法庭的统计,战争期间日军共俘虏了 132 142 名同盟国士兵,其中死亡人数超过四分之一。"日军战俘集中营惊人的死亡率直接地反映了远东战俘们所遭受的待遇:日军手下有 27% 的战俘死于监禁之中,而同期德军手下战俘的死亡率仅有 4%。"②

而那些后来活着回到英国的战俘们却被完全遗忘甚至是被抛

---

① Brian MacArthur. Surviving the Sword: Prisoners of the Japanese, 1942—1945[M]. London: Random House, 2005.
② Ibid., p. 2.

弃了。当他们乘船抵达南安普顿或利物浦时，并没有仪仗队和人群来迎接他们。更糟糕的是，他们自己的家人和朋友也不能理解他们，更不愿倾听他们所经受过的折磨。埃里克·洛马克斯曾在其知名著作《铁路劳工》（*The Railway Man*）中明确地写道，战后他与他的未婚妻重逢并结婚，他一直希望向她倾诉自己的经历，然而她却满不在乎地说，大家都曾经历过艰难的日子，现在是时候放下这段记忆了。"这一打击让我立刻缄口不语，"他写道，"像一块封口布那样。"麦克阿瑟还引用了另一名远东战俘伊恩·瓦特的话："老朋友们并没有真正改变，但我已经改变了。他们不知道这一点，然而我是知道的。"

罗纳德·瑟尔①的评价也很能说明问题，他将远东战俘称作世界上"最排外且最难以理解"的群体。罗纳德曾以被拷打的战俘的骨骸为题材创作过素描作品，这些可怕的图画比语言更有说服力。麦克阿瑟评价道：

> 这看似愚蠢，但实际上并非如此。人一旦触及了底线，成为底层中的最底层并且被迫陷入人类不幸的深渊之时，就会从内心生发出一种无声的理解与体会——关

---

① 罗纳德·瑟尔（Ronald Searle, 1920—2011），英国知名艺术家、讽刺漫画家。二战期间曾遭日军俘虏，其间以战俘为题材创作了近 300 幅素描作品，大多收录在其 1986 年出版的著作《罗纳德·瑟尔：1939—1945 桂河战争绘画集》（*Ronald Searle: To the Kwai and Back, War Drawings, 1939—1945*）中。——译者注

于团结、友谊和人类善意对他人的意义。这种情绪是很难向我们'群体'之外的人解释的,他们未曾经历,所以无法理解,曾经轻贱如尘的生命有幸被足以挽救生命的友谊环绕意味着什么。①

欧内斯特·戈登著名的作品《桂河奇迹》就以此为主题:(我们)陷于不幸的深渊,但最终有幸被足以挽救生命的友谊所拯救。这本书讲述了修建泰缅铁路的战俘们的悲惨遭遇,1962 年首次出版,后由斋藤和明②翻译成日语并于 1976 年推出日文版。这本书日文版的出版,连同后来欧内斯特·戈登本人对日本的访问一起,很快在日本引起了轰动。战俘们遭受了非常残酷的待遇。被派遣修筑泰缅铁路的61 806名战俘中,有 12 399 人死亡。战俘们被迫陷入绝境,但这反而鼓舞了他们的精神,因此其间发生了许多舍己为人的故事。戈登上校自己就是被无私的英雄行为所拯救的,一位叫作杜斯提·米勒的年轻士兵每天坚持为他清洗伤口,直到他痊愈。那时,戈登身受白喉、疟疾、痢疾、脚气和血液感染等多重疾病的折磨。每天晚上,米勒都会来帮他清洗身体,按摩他麻痹的四肢。这种舍己为人的精神不仅拯救了戈登的生命,更唤醒了那些本已如行尸走肉的俘虏。死亡再也不能主宰他们了。

---

① Brian MacArthur. op. cit. p. 7.
② 实的朋友,东京国际基督教大学的学生。

直到三十年后，许多战俘才开始讲述他们的故事。在麦克阿瑟著作的参考书目中，他罗列了127本由远东战俘写作的书，其中83本是在20世纪80年代以后出版的，大多出版于90年代，甚至在2000年至2010年间也有22本远东战俘的著作出版。在世界的另一端，日本士兵也在讲述他们的故事，同样地，其中许多回忆录都出版于20世纪90年代。据此我们可以知道，战时的那些苦难经历并未消失，也从未被遗忘。这世间仍有太多的痛苦和悲伤，这些负面情绪正以家庭的形式向下一代传递。

二松庆彦就是其中一位撰写了回忆录的日本人，他是一名专业工程师，当年负责监管泰缅铁路的建设。1985年，他的书首次在日本发行。后来，一位认识他的战俘将其翻译成了英文，标题是《穿过三塔关：泰缅铁路的故事》（*Across the Three Pagodas Pass：The Story of the Thai-Burma Railway*）。1936年，二松毕业于京都大学工程学专业，随后进入日本国家铁路公司总部建筑部门工作。1942年，他负责泰缅铁路计划的路段勘测工作，并成为铁路在泰国境内建设工程的专业顾问。这条铁路需要穿过热带雨林区，修建难度极高，但最终在八个月内竣工，他以此为傲。然而，在这条铁路的修建过程中，90 000名亚洲苦力和12 399名战俘因此死亡，他知道这是日本的责任，并为此深受良心的谴责。

一直以来，英国战俘都在要求日本政府进行道歉，但从未得到过官方回复。据约翰·道尔所说，战争结束初期，整个日本被巨大的痛苦以及失败的折磨所淹没。太多的日本年轻人被征召入伍后客死他乡，人们非常后悔于这样无谓的损失。然而，其他亚洲国家的平民与士兵——无论是西方人还是亚洲人——也都在日军入侵过程中遭到了残酷的虐待，这样的痛苦在日本却很少有人能够理解。日本战后出生的年轻一代几乎不知道战俘们在战时都经历了什么。许多日本人甚至认为二战的历史并未给英日两国关系蒙上阴影。小菅信子指出：

> 总的来说，战后的日本人民对英国人民怀有一种难以界定的情感，他们一厢情愿地将英国人视为同类，因为两国同为岛国，也都拥有历史悠久的君主制……日本人眼中两国的共同之处使得他们对英国人怀有一种熟悉和信任的感情，这种情绪在日本人构建他们对战后英日关系的蓝图时产生了巨大影响。①

然而，英国人对日本人的态度却并非如此，其中很大一部分是由于英国战俘在修建泰缅铁路时的遭遇。虽然索尼、丰田、本田等一系列日本进口产品在英国颇为畅销，但英国人对于战争暴行的记忆却并未消弭。因此，1971年裕仁天皇访问伦敦时遭到英

---

① P. Towle, N. Kosuge (ed.). Britain and Japan in the Twentieth Century [M]. London, New York: I. B. Tauris, 2007: 167.

国民间媒体尖刻的评论，也实属意料之中。这样的反应却使东京方面的媒体大吃一惊。对于英国公众来说，天皇并非一位慈祥的传统式君主，而是日本帝国主义的象征，所有军事暴行都是以他的名义发动的。甚至他的继任者，备受民众爱戴的明仁天皇，也在其1998年访问伦敦的过程中遭到了远东战俘们的抗议。

和德国不同，日本政府并未以国家名义对战时的军事制度进行谴责，也没有主动与中国、朝鲜等曾遭受日本入侵的东亚诸国进行和解。1995年8月，在太平洋战争结束五十周年纪念日时，日本国会曾试图进行一次公开道歉，却遭到反对派的破坏。从那以后，日本政府数次发表官方声明，明确承认同盟国战俘曾遭受日军虐待。1998年1月，英国首相托尼·布莱尔访问日本，日本方面的发言人表示，首相桥本龙太郎对在二战期间遭受折磨的人们表示深深的自责与衷心的歉意，但其中并未专门提及战俘。2001年，日本外相在《旧金山对日和平条约》签订五十周年纪念活动上说："日本曾在战争期间给各国人民带来了巨大的伤害和折磨，对此我们从未忘记。许多人失去了他们宝贵的生命，还有很多人受伤。战争给无数人民留下了无法愈合的伤口，包括曾经的战俘们。"2009年，通过日本驻美国大使，日本政府向曾经在巴丹死亡行军①中遭受折磨的美国战俘们道歉。2010年，在日本

---

① 二战期间，日军侵略菲律宾，在巴丹半岛上与美菲守军作战，获胜后将约78 000名俘虏强行押解至160公里外的战俘营，其间实施虐待行为，导致约15 000名战俘丧命，史称"巴丹死亡行军"。——译者注

政府的资助下，6名美国战俘受邀前往日本，他们在那里得到了外相冈田克也的道歉。2011年，一组美国战俘受邀以政府客人的身份访问日本，外相前原诚司就他们被日军俘虏后遭受的虐待道歉。2009年以后的这些明确道歉受到了英国战俘们的普遍欢迎，但此时大部分战俘早已逝世。

还有一些不能代表国家层面的非正式的道歉。比如，1999年8月15日，在英国考文垂大教堂的布道坛，面对着在场的远东战俘和缅甸战场老兵，日本驻英国大使林贞行发表了演说："抗日战争期间人们经历的痛苦记忆会永远铭刻于心。我们日本人对于曾发生过的一切深表悔恨，并致以诚挚的歉意。"① 近年，三菱公司也承认战争期间曾强迫美国战俘在4个矿井中做劳工，并为此公开道歉。该道歉发表于2015年洛杉矶的一场仪式上，应该是日本企业首次向战俘发表类似道歉。

许多日本人并不仅仅是从口头上对战俘们的遭遇表达了悔恨和歉意，他们还采取行动来进行忏悔，并从事和解的相关工作。其中一个例子来自埃里克·洛马克斯于1995年出版的知名著作《铁路劳工》。

永濑隆曾供职于宪兵队，即最臭名昭著的日本军事警察机构。在缅甸铁路修建期间，他在泰国担任翻译官。战后，他与同盟国士兵一道旅行，搜寻废弃的战俘坟头。在此期间，他目睹了

---

① 引用自2008年4月2日《时代周刊》上平久保正男的讣告。

数不胜数的废弃土堆，底下埋葬着成千上万的亚洲劳工，他们都因修建这条铁路而丧命。1963 年，日本取消了相关限制，出国旅行变得更加容易，于是永濑和他的妻子洋子一道前往泰国，他们将这段旅行视作对日本帝国军队暴行的赎罪之旅。

第一次访问泰国期间，他拜访了位于北碧府的战争公墓。在大墓园的中心地带，一个白色的十字架矗立于蓝天之下。十字架的脚下，大约有 7 000 名军官和士兵被安葬于此。他在十字架脚下献上了一个花圈。当他双手合十祈祷的那一刻，他感觉自己浑身散发出了光芒。"在那一刻，"他写道，"我感觉：'此时此刻，你得到了宽恕。'"对过去的赎罪成了他的生活内容，后来他又 60 多次回到泰国。一些曾经的铁路劳工战后没能回到自己在马来西亚、印度尼西亚或其他邻国的家，永濑在桂河大桥上建造了一座和平寺庙，并做了许多慈善工作来帮助他们。他用日文写作了许多关于战争的书，其中一本在 1990 年被翻译成英文出版，名为《十字架与虎》(*Crosses and Tigers*)。在书中，他揭露了日本军队的暴行，并抨击了军国主义。永濑认为，"狂热的绝对服从"正是军队得以实施泰缅铁路修建计划的原因。他们不顾牺牲，即使这条铁路的每一块枕木下可能都埋葬着一名战俘的遗骸。自 1963 年以来，他勇敢地公开反对军国主义，并致力于与从前的敌人和解。1979 年，他公开抗议将缅甸铁路上的第一辆蒸汽机车安置在靖国神社中。

埃里克·洛马克斯讲述了他是如何在四十年后重新接触永濑

的奇妙故事。这个男人曾是他此生最恨的人,因为永濑是翻译官,也就是在他经受残酷拷问时施虐者的喉舌。这场拷问长达一个多星期,最残忍的时候还动用了可怕的水刑。如果说有哪个日本人是洛马克斯最想要复仇的,那一定就是这名翻译官——永濑。

在《十字架与虎》中,永濑回忆了洛马克斯所遭受的那一个多星期的折磨。他这样写道:"每每想起那可怕的一幕,我至今仍会浑身发抖。"最终,1992年,洛马克斯和永濑在桂河大桥上相会。永濑浑身颤抖,两眼含泪,不停地说:"对不起,对不起……"

在洛马克斯的书中,触动人心的高潮部分是他讲述的在东京一个安静的旅馆里,他是如何最终放下所有的痛苦与仇恨的。在那里,他单独会见了永濑,向他保证自己已经彻底原谅了他。永濑因其真挚的行为,经受的磨难,以及站出来反对军国主义、倡导和解的勇气赢得了他的尊重。1995年8月5日,永濑和他的妻子一起参与组织了第一场由日本人赞助的战俘纪念活动,这场活动在横滨的保土谷英联邦烈士公墓举行。

埃里克·洛马克斯并非唯一选择与其痛恨的日本施虐者会面并成为朋友的战俘。在《前往日本驱散阴魂》(*To Japan to Lay a Ghost*)一书中,彼得·罗兹讲述了他的故事,他努力找到了他曾称为"猪"的那个人。战争结束约二十年后,他决定放下仇恨,去会见他的"敌人"前田忠三。在日本大使馆的帮助下,他找到了前田忠三的住址,并写信给他。1970 年 3 月 22 日,彼得·罗兹最终在福冈附近与前田相见。他在前田居住的村庄受到了热烈的欢迎,有 150 人来到现场。他首先参观了他身为战俘期间工作过的旧矿井,然后去了前田的家。直到他乘车返回机场的途中,这两个曾经的敌人才得以单独交流。媒体没有忽视这次和解事件。几乎所有的日本主流报纸、广播和电视频道都对他们的会面进行了报道。1984 年,日本广播公司将两人的会面制作成一段半小时的录像,使得罗兹可以向日本观众讲述战俘们在战争期间所遭受的残酷虐待。一位观看了该节目的年轻女教师被战争中日军的行为所震惊,她认为这段录像应该每年播放,作为对历史的警示,防止悲剧再次发生。

在致力于和解工作的日本使者中,平久保正男是影响极大的人物之一。战争期间,平久保在驻缅甸的日本第 31 师团中担任军官,曾在科希马战役前线作战。他亲身经历了这场恐怖的战争,驻缅甸日军中有一半士兵都因受伤或疾病而死亡。回到日本后,他发现自己在横滨的家也已被炸毁。他之前任职的公司重新聘用了他,并于 1967 年派他作为代表前往英国。1982 年退休后,他留在了英国,并开始从事与旧日敌人的和解工作。他将路易斯·艾伦的书《缅甸——最长的一战》(*Burma—The Longest War*)翻译成了日文,他相信这本书可以帮助日本老兵和年轻一代了解缅甸战争的全貌,因为该书收录了对双方士兵的采访。1991 年,缅甸战役同志小组(The Burma Campaign Fellowship Group)在英国老兵的共同合作下建立了起来，后改名为缅甸战役协会。尽管其主要目的是汇集参加过缅甸战役的各方老兵，但同时它也试图涵盖曾在泰缅铁路修建过程中遭受过日军折磨的战俘们。平久保相信让曾经的敌人进行对话是非常重要的，于是帮助组织远东战俘来到日本。1984年，他带领一群日本老兵会见了英国战争协会的远东战俘。1989年，英国缅甸老兵访问日本。他们环游了日本，在各地都受到了日本全缅甸退伍军人协会的盛情款待。2008年4月2日，《时代周刊》上刊载了平久保正男的讣告，其中写道："平久保时刻铭记英国战俘在日军手下曾遭受过的折磨，他尽力向他们提供帮助，尤其是协助他们与日本方面取得联系。"他与缅甸战役协会的成员们一起，坚信仇恨不应代代相传，一旦战争结束，我们就要彼此和解。他们的格言"昨天的敌人就是今天的朋友"被写在伦敦主教门圣埃泽布加的一块匾牌上。2003年，平久保亲自为匾牌揭幕。他之所以致力于寻求和解，很大一个原因就是出于对基督的信仰。战后，由于在缅甸的经历，他成了一名罗马天主教徒，随后参加了在威斯敏斯特大教堂、坎特伯雷大教堂、考文垂大教堂和其他大教堂，以及在科希马和印度英帕尔的一系列和解工作。他的努力最终得到了回报，日本天皇授予了他荣誉。1991年，他还在英国外交部得到了由凯斯内斯勋爵授予的大英帝国官佐勋章[①]。

---

① 大英帝国勋章第四级，简称"OBE"。——译者注

一位参加过缅甸战役的英国老兵菲利普·马林斯曾与平久保正男一同工作，后来他成为缅甸战役协会的副主席。在过去二十年中，菲利普·马林斯对促进英日和解做出了重要贡献，其中之一是创立了国际友谊与和解信托组织（The International Friendship and Reconciliation Trust）。尽管他未曾在战争中被俘，但他清楚地知道战俘们所遭受的磨难，如泰缅铁路上战俘们的遭遇，并尽力为他们提供帮助。1998年，他发起了一场运动，最终让英国政府向曾在战争中被日军俘虏的英国公民发放了特别补偿。他还促使政府于2012年8月15日将广岛之石安置在了国家纪念植物园中的英日花园里。这块石头来自广岛的废墟，纪念的是成千上万在二战中死去或遭受磨难的人。日本大使林景一在仪式上说："我相信这座纪念碑一定可以让每一位参观者认识到战后和解工作的重要性。"

战俘研究网[①]

还有一个组织，也在试图唤醒日本民众对二战时期同盟国战俘悲惨遭遇的认识，它就是战俘研究网。2007年，在保土谷英联邦烈士公墓，我遇见了两名出色的工作人员——笹本妙子女士和田村佳子女士，她们已经花了超过三十年的时间独立研究日本的

---

① 战俘研究网网址：www.powresearch.jp/jp/index.html.

战俘历史。

笹本女士于 2002 年参与创建了战俘研究网。这个网站致力于揭露日本境内同盟国战俘的历史。他们希望通过这样的方式"调查事实的真相,并传达给世人,尤其是年轻一代,越过国家的边界与曾经的战俘讨论这一问题,增进彼此之间的理解,进而一同思考,为了防止过去的悲剧再次发生,我们可以采取哪些措施"[①]。

该网站的调查显示,大约有 36 000 名战俘曾在日本被俘,其中 3 559 名因饥饿、疾病、意外或虐待而死亡。战俘在日本国内的死亡率是 10%,而日军俘虏的同盟国军人的平均死亡率是 27%,前者明显要低很多。这大概能反映出,相比于在泰缅铁路和菲律宾地区发生的暴行,日本境内一些地区的条件还相对不那么恶劣。

网站上提供了日本境内所有集中营的名目以及营中死亡战俘的名单。还有一份名单,收录了埋葬于保土谷英联邦烈士公墓的全部 1 700 名战俘的名字。2007 年,在保土谷英联邦烈士公墓,笹本女士和田村女士向在场战俘展示了他们所在集中营的死亡名单及其死亡原因,这给我留下了深刻印象。名单显示,战俘一般死于心脏衰竭、脚气病、痢疾、重度肺炎等,还有少部分死于矿井事故。

网站活动还包括迎接重访日本的战俘,帮助他们找到当年所在集中营的位置,并且帮助他们与当地的日本人结为朋友。网站

---

① 引自战俘研究网网页。

还出版书籍，组织研讨会和研习班，以及通过电视、广播和报纸向日本民众传播信息，使他们更好地认识到二战期间战俘们的遭遇，尤其是在日本境内的遭遇。

值得一提的是，英国政府也认可了笹本女士和田村女士对英日关系做出的贡献。2006 年 5 月，她们俩在英国驻东京大使馆被分别授予大英帝国员佐勋章①。官方记录中还提到，1992 年，田村女士协助制作了一集电视纪录片《四十六年后的真相——入鹿战俘集中营里英国战俘们的证词》(The Truth After 46 Years—Testimony of Ex-British POWs of Iruka POW Camp)；2004 年，笹本女士将她七年来的研究成果出版成书《同盟国战俘的墓志铭》(The Epitaph of the Allied POWs)。

作家与记者

在发掘南京大屠杀的真相以及记录细节方面，没有哪个日本人的贡献比本多胜一更大了。他的著作《通向南京之路》在 1987 年出版，并于 1999 年以 The Nanjing Massacre: A Japanese Journalist Confronts Japan's National Shame 为书名被翻译成英文出版，由弗兰克·吉布尼编辑。

本多胜一追溯了日军行进的整个过程，从 1937 年 11 月 5 日

---

① 大英帝国勋章第五级，简称"MBE"。——译者注。

登陆杭州湾开始,一直到 12 月攻占南京并实施破坏行动。他的研究表明,日军自踏上中国的第一寸土地开始,就奉行了"三光"政策,即"烧光、杀光、抢光"。

吉布尼在为该书撰写的引言中提到,本多胜一是日本最好的报纸《朝日新闻》的一名顶级记者。在本多胜一早些年所写的《中国之旅》一书中曾提到,他于 1972 年首次前往中国。也正是从 1972 年开始,日本与中国恢复了外交关系,开始解禁有关 1930 年至 1945 年间中日战争的军事档案。本多胜一就日军的暴行进行了报道,其中包括细菌战、强迫劳工、"三光"政策以及南京大屠杀。

1986 年,《朝日新闻》邀请读者写下他们关于战争时期的记忆,结果得到空前响应,4 000 多封信件如潮水般涌来,其中有 1 200 多封信件的内容后来被刊印成两卷本图书出版。截至 20 世纪 80 年代末,已有近 20 本揭露日军在南京暴行的图书在日本出版。

本多胜一写作有关南京大屠杀的书是为了回应 1982 年的教科书争议事件。那时,日本文部省①试图洗白日军侵华期间暴行的行为正遭到自由记者们的强烈谴责。直到 1979 年,日本国内才首次出现提到"南京大屠杀"这个名词的教科书。

过去几年中,日本发行了一些新的中学教科书,试图向学生

---

① 即日本教育部。——译者注

传达历史真相,纠正过去教科书对南京大屠杀的淡化处理。现行的日本中学教科书一般将南京大屠杀的死亡人数定为 15 万到 30 万人。

为什么日军会杀死这么多人?本多胜一给出了一个粗略的答案。他认为,日军从 1937 年 11 月登陆杭州湾开始就一路奉行"三光"政策,于是在对待南京的俘虏甚至这个城市本身时,他们也延续了这样的政策,"他们认为中国人是一群下等人,可以随意处置","他们带着征服军的傲慢心态,想要给中国人一个教训",日军渴望抢劫、掠夺及随后的强暴行为。

南京大屠杀仅仅是日军侵略中国期间所犯暴行的一部分。据估算,1931 年至 1945 年间,日军杀害了约 2 000 万名中国平民和士兵。我们要如何赎偿或克服历史遗留下来的痛苦?

如果想了解关于日军袭击南京证据的最新讨论,可以参见《超越国境的历史认识》①一书中杨大庆所编写的"南京暴行"一章。

中国归还者联络会

曾经的日本士兵战后成立了许多组织,中国归还者联络会就

---

① Daqing Yang, Jie Liu, Hiroshi Mitani, et al. Toward a History Beyond Borders: Contentious Issues in Sino-Japanese Relations[M]. Cambridge: Harvard University Press, 2012: 178 - 204.

是其中的著名组织之一,通常简称为"中归联"。

这个组织由约 1 000 名日本老兵于 1957 年创立,他们均于 1956 年被从中国遣返日本。战争结束后,他们中大多数人被俄罗斯军队俘虏,并被流放至西伯利亚的集中营服苦役。1950 年,斯大林将其中 969 名战俘归还给了中国。中国方面则在东北地区的辽宁省抚顺市专门为他们建造了一所新的战犯管理所,他们就在那里度过了六年铁窗生活。虽然其中一些曾经隶属于宪兵队的成员只是普通士兵,但他们还是被教导要残暴地对待中国人。这些日本士兵不仅曾杀害过被俘的中国士兵,还曾热衷于对平民施以暴行,包括虐待、强暴、使用毒气、活体解剖以及其他众多令人发指的行为。落到曾经的敌人手里,他们本来已经做好了最坏的准备,但出乎意料的是,他们得到了很好的待遇,每天都有优质伙食供应,也没有被迫服劳役。

对于这些日本士兵的宽待并非心血来潮,而是中国国务院总理周恩来的指示,也是中国共产党经过深思熟虑后制定的政策。中共的官方政策是"战犯也是人,因此他们作为人类的尊严应当得到尊重"。起初,当这些士兵得知自己被划为"战犯"而非"战俘"时,他们感到非常愤怒。他们抗议说,自己当初别无选择,只能遵从上级的命令。但中国政府坚持认为,他们必须要对自己的所作所为负责,这是宽待他们的首要前提。

与此同时,看守们也觉得很难执行宽容政策。他们中许多人的亲人都死于日军之手。因此,对于这些战犯一日三餐都能吃到白大米的优渥待遇,他们感到难以接受,特别是当时连他们的家人都还享受不到这样的待遇。有一位年轻的看守,当他发现其中一名日本战犯正是杀害他父亲的凶手后,想要离开看守所。所长对他说:"我非常能理解你的感受……但如果你现在就放弃了这些战犯,离开这里,那他们就会再次拿起枪支,侵略中国。这就意味着会有更多人像你父亲一样死去。"在意识到对这些日本战犯进行再教育的任务是多么重要之后,这位年轻的看守比以前更加努力地工作。后来,当他的这个"仇人"在深夜突发阑尾炎时,正是他将这个日本人背到了医务室,拯救了他的生命。

经历过许多像这样充满善意的小事后,战犯对看守的敌意也开始改变。但这还不够。他们在监狱中无所事事,平常只能自娱自乐,因此他们决定开办学习会。一些精通日语的朝鲜籍中国官员还组织了教育课程。通过这些方式,他们慢慢学会了从受害者的角度去理解这场战争。一些战犯坦白了他们对中国人犯下的暴行,讲述了他们是怎样用中国农民做刺刀练习的,又是怎样以砍下中国人的头或是杀死中国妇孺为乐的。其中一名战犯回忆道:"中国对我们的宽待渐渐唤醒了我们麻木的心。我们开始思考受害者的感受,意识到我们必须要回报他们的宽容。"

1956年,特别军事法庭在抚顺开庭,审理这些日本战犯。这时他们都已经历了再教育,希望能获得应有的惩罚,偿还自己在战争中犯下的罪行。但出乎他们意料的是,除了45名战犯被判入狱,几乎其他所有战犯都被无罪释放,且无人被判死刑或终身监禁。这在看守中也造成了巨大轰动,他们本来坚信至少那些日本高级军官会被处死。他们向周恩来总理表达了抗议之情,但周恩来总理回复他们:"二十年后,你们就会理解这个决定的正确性了。想象一下,这些在侵略战争中犯下罪行的人深刻地反省了他们战时的所作所为,然后将他们在中国的经历告诉其他日本人。我可以保证,这个方式会更有效地让日本人意识到侵略战争的事实,比我们去说的效果要好太多。"周恩来的这一观点并不仅仅是他个人的想法,它与1956年4月中华人民共和国第一届全国人民代表大会常务委员会第三十四次会议做出的决策是一致的。[1]

1956年,这些日本士兵从中国抚顺回到日本后,又发生了什么呢?对于今天的我们来说,这或许有些不可思议:他们在抚顺火车站和天津口岸都得到了中国人友好的送别,却在日本遭受冷遇,只有一名官员前来迎接他们,给了他们一点现金、一条毛毯和几件旧衣服。接下来的情况更为糟糕,日本方面指控他们受到了洗脑,将他们视为共产党分子,派警方监视他们。同时,他们也很难找到工作。

1957年,在回到日本一年后,他们成立了中国归还者联络会,并出版了日本战犯回忆录《三光》(*Sanko*[2]),书中他们供述了战争期间自己在中国实施的一系列暴行。此书在20天内售出

---

[1] Yinan He. The Search for Reconciliation[M]. Cambridge: Cambridge University Press, 2009: 150.

[2] "Sanko"指"三光"政策,即"烧光、杀光、抢光"。

了 50 000 册，但出版方很快就受到了来自日本右翼的压力，被迫中止刊印。1960 年，"中归联"在第二次组织大会上决定放弃协会最初定下的目标，即向日本政府索赔以及促进彼此之间的互助和友谊；他们转而确定了新的目标，即加强对自身在侵华期间犯下暴行的反省，告诉日本国民他们在中国犯下的罪行，并为促进中日友谊而努力。

"中归联"的成员从未忘记他们在抚顺战犯管理所的经历。事实上，他们中许多人重新回到日本后，才开始真正意识到在抚顺的经历对他们自身造成了多么深远的影响。在享受正常家庭生活的同时，他们常常想起自己战时的暴行给成千上万的中国家庭带去的巨大破坏。他们对于中国看守的敬意进一步加深了。每当思及日本侵略战争受害者的感受，他们就感到有一种力量在驱使他们将自己的故事讲述出来，承认他们个人和集体所犯下的罪行。他们公开发表演讲、访问学校，并出版了会刊《中归联》。生活在广岛的成员也鼓起勇气，在广岛和平纪念馆中向听众讲述他们曾犯下的罪行。协会还支持中国的战争受害者向日本政府提起诉讼，反对试图洗白日本侵略历史的修正主义历史学家。

自 1965 年开始，"中归联"向中国派遣代表，后来还鼓励中日之间的互访。起初，这项举措受到了很大的限制，一是因为当时中国正处于"文化大革命"时期，二是因为在 1972 年《中日联合声明》签署之前中日两国关系一直没有实现正常化。1965 年，"中归联"会长、前日军第 59 师团长藤田茂首次率团访问中国,并意外地受到了周恩来总理的接见。1984 年,抚顺战犯管理所曾经的八名工作人员,包括负责战犯改造的所长金源,受邀前往东京,与曾经的战犯们重聚。这是一次激动人心的重逢。日本媒体难以理解为何这些曾经的敌人会彼此拥抱,流下幸福的泪水。金源表示,曾经的看守和囚犯,这样两个对立的群体可以维持友谊,在整个人类历史上都是不同寻常的,这应该可以被称作"奇迹"。大概就是自此以后,人们开始谈论"抚顺奇迹"。

1988 年,"中归联"获准在抚顺战犯管理所的院内建造一座谢罪碑,上面用中文和日文刻着如下碑文:

> 我们在参加长达十五年的日本军国主义侵略中国的战争中,犯下了烧、杀、抢的滔天罪行。战败后被关押在抚顺和太原战犯管理所,在那里受到中国共产党、政府和人民"恨罪不恨人"的革命人道主义待遇,开始恢复人的良心。没想到根据宽大政策,一名也没有处死刑,全部释放回国。
>
> 正当抚顺战犯管理所恢复原貌之际,在这里建碑表示向抗日殉难烈士谢罪的诚意,刻下决不允许再发生侵略战争,为和平与日中友好的誓言。

中国归还者联络会
一九八八年十月二十日

在日本，这些老兵致力于敦促政府为战争期间犯下的罪行道歉并进行赔偿。其中一个不断被提及的问题就是中国与韩国的"慰安妇"问题。20世纪90年代以前，日本政府一直都否认日军曾用中国和韩国妇女充当"慰安妇"。直到1992年，日本历史学家吉见义明教授独自一人通过研究日本防卫厅图书馆的文件档案，才揭露了征用"慰安妇"是日本军方的官方政策。2000年，女性国际战犯法庭在东京开庭，针对日本军事性奴隶制度进行了审理。两名"中归联"的老兵出庭作证，承认在中国作战期间实施过强暴行为，证实了原告的陈述。审判员对于这些老兵向公众坦白自身罪行的举动给予了赞扬。

2006年，"中归联"和平纪念馆在东京附近的埼玉县正式开放。纪念馆的主要藏品是300多名日本老兵承认在中国犯下暴行的证据，目的是为那些想要研究日本侵华战争的历史学家提供资料来源。该馆主要面向学者和研究者，但也为想要阅读老兵故事的人们提供了便利。

2002年，由于大多数老兵相继去世，"中归联"正式解散，一个新的组织"抚顺奇迹继承会"接续了"中归联"的事业。这个继承会由年轻一代创立，目的是收集更多证据，促进中日友谊。他们的活动包括举行集会来宣传"抚顺奇迹"以及归国者的故事。他们还计划安排一年一度的抚顺学习之旅，并继续出版季刊《中归联》。想要了解"抚顺奇迹"的历史细节，可参见顾若鹏的《从人到鬼,从鬼到人》①。

"抚顺奇迹"对于达成中日和解来说至关重要,尤其是在以下几个关键点上:理解战争将普通士兵变成暴徒的过程,通过将施暴者与受害者看作同样的人类来扭转这一过程,通过用对待朋友的方式来对待敌人以创造和解的可能性,以及从战争双方的角度出发来研究历史。

此外,还有其他一些致力于和平的日本战争老兵协会。1961年,原日军中将远藤三郎创立了日中友好旧军人协会(The Veterans for Japan-China Friendship)。1956年,他造访中国并意识到增进中日友谊的必要性。该组织面临的最大挑战就是要承认历史,并从过去的错误中吸取教训。他们将1945年8月15日日本侵略战争的失败视作日本自我反思的开始,也是日本和平宪法制定的开端。2011年,老兵们庆祝了协会成立50周年,并将其改名为"日中友好'8·15'协会"(Japan-China Friendship Society of August 15th)。老兵们不想将他们的故事带进坟墓,想把它们讲述出来。他们希望年轻一代能够意识到战争的恐怖并永远不重蹈覆辙。因此,他们通过出版协会月刊及公开演讲的方式,向公众讲述自己的故事。为了增进中日之间的友谊,他们每年还邀请一至三名中国学生赴早稻田大学进行为期一年的访学,

---

① Barak Kushner. Men to Devils, Devils to Men: Japanese War Crimes and Chinese Justice[M]. Cambridge: Harvard University Press, 2015.

并住在协会成员的家中。此外,他们每年都会派一个十人左右的代表团去中国各地进行至少两周的访问。这些老兵都坚信日本宪法第九条的正确性,并且怀有同样坚定的信念,即日本永远不应再次拾起武器、发动战争。

一个更晚一些成立的组织——士兵与平民反战协会(Pacifist Soldiers and Civilians),成立于1988年。那些写信给《朝日新闻》的老兵共同创建了这个组织。大石四郎是该协会的领导人之一,他曾在菲律宾作战时受伤,战后成为一名基督教牧师。成立这个组织是为了向人们传达战争的恐怖以及经历人间地狱的感受。他们想告诉后代,战争是怎样开始的,非人道的战争是怎样的,以及成千上万的人民是怎样成为国家领导人个人意志的牺牲品的。为了反对军国主义,他们制定了三条政策:首先,要通过讨论的方式和平解决国际争端;其次,要在日本宪法第九条精神的引领下寻求世界和平;最后,要反对所有阻止政府民有、民治、民享的意识形态。

和平博物馆

日本和平运动存在许多分支,其中一所关键机构是1973年创立的日本和平学会(PSAJ)。该学会致力于研究国家间冲突,调查冲突的原因与和平的条件,并促进相关研究领域的学术进步。2005年的一次调查显示,42所日本大学开设了名为"和平学"的课程，30％的日本大学开设了与和平相关的课程，但尚未有日本大学设置专门的和平学院系。1993年，为了响应日本对战争的责任，一所关键机构诞生了，这就是日本战争责任研究与文献中心（JWRC）。该中心并不局限于学术研究，还采取行动来支持日本侵略战争的亚洲受害者。其通过发行季刊将研究发现公布于众。1993年，该中心向日本政府提交了关于日本军事性奴隶问题的调查报告，使得政府被迫承认日军曾征用过"慰安妇"。

日本拥有世界上最多的和平博物馆。1998年，全世界共有100所和平博物馆，其中52所位于日本。截至2009年，全世界和平博物馆的数量增加至204所，其中日本有66所。最早的两所和平博物馆是于1955年分别在广岛和长崎建成的，目的是记录原子弹的恐怖，反对一切战争，尤其是核战争。20世纪90年代，大批和平博物馆在日本落成，每年都会新增至少一所，整个90年代共新建了27所和平博物馆。这些博物馆不仅关注原子弹对日本的袭击，还关注日本侵略给朝鲜、中国及东南亚国家造成的影响。迄今为止，日本境内已有超过10所博物馆忠实地再现了日军在战时的暴行。

京都和平博物馆于1992年在立命馆大学校园内落成，是客观展示日本侵略历史的典范。其官网上写道："日军曾在中国和其他国家境内发动了无差别轰炸，并使用了毒气和生化武器。在战争中，他们屠杀并虐待士兵甚至平民，他们的所作所为是为了彻底摧毁进行过抵抗的地区。"京都和平博物馆注重与参观者的互动，并重视教育的作用。博物馆分为几个展区，分别展示了日本军队在他国的殖民统治和对于战争罪行不可推卸的责任等。在战争责任的部分，资料还指向了日本天皇所扮演的角色以及臭名昭著的 731 部队在中国进行活体解剖的行为。

2008 年 10 月，和平博物馆国际会议在京都和广岛召开，会议着重强调了和平博物馆的三项责任：其一，和平博物馆必须传达出战争的不幸，并建立在面对战争、暴力和非人道行为时对人类尊严应有的尊重；其二，和平博物馆必须深化历史意识，让人们了解到和平被破坏的背后隐藏着怎样的根源和事实；其三，比以往任何时候都更加迫在眉睫的是，针对那些将来要采取行动为人类解决战争威胁的年轻一代，和平博物馆必须担负起教育的重任，一方面是通过学术研究的方式，另一方面则是要铺设一条通往和解与共存的道路来最终实现可持续发展的和平社会。

另一所著名的和平博物馆是长崎冈正治和平资料馆，这所博物馆与南京大屠杀遇难同胞纪念馆之间建立了友好往来关系，每年都会募集资金派遣日本学生前往中国。冈正治是一名新教牧师，也是市民大会的领导者。他决心要揭露日本战时侵略其他亚洲国家的历史真相。此外，他还特别为原子弹爆炸中的朝鲜籍受害者四处奔走。

大阪国际和平中心是日本唯一一所公共和平博物馆，由大阪市政当局建立，包括三个展区：第一个展区展示的是 1945 年对大阪造成巨大破坏的轰炸行动；第二个展区是关于日本在亚洲的军事扩张所带来的破坏性影响；第三个展区关注的是世界和平的未来。第二个展区中的各式展品意在向参观者展示日军侵略中国的暴行，例如南京大屠杀。

另一所和平中心——高知县草根院，创建于 1989 年，是一所私人和平博物馆，这所和平博物馆重点关注的是和平教育与环境问题。该馆位于四国岛高知县，创建者是西森茂夫，旨在于向子孙后代传达战争的事实以及和平的珍贵。该馆还编写了许多关于和平教育的资料，并分发给大量来访者。这所和平博物馆的目标是向自然学习并创建一种与之和谐相处的生活方式，因为其坚信自然是和平最好的样本。馆内设置的活动包括收集、保存、研究及展示战争相关的手工艺品和资料。这所以团体为基础的和平博物馆，致力于追求世界和平。该馆组织人们前往战争遗址，在日本与中国进行和平之旅并举办相关团体活动。

日本历史教科书

1982 年，关于日本历史教科书的争议曾引起国际社会的广泛关注。2000 年，日本新历史教科书的出版再次引起争议。这套教科书由日本右翼学者编写。2001 年，日本文部省批准其出版。该教材淡化了日本在二战期间对中国和其他国家实施的军事侵略行为。这引起了巨大的抗议浪潮，不仅是在中国和韩国，甚至是在日本，许多历史学家和教育家也对此表示了抗议。尽管这套教科书出版四年后在日本学校中的使用率仅为 0.039%，它还是在 2005 年引起了更大的争议，中国和韩国都爆发了示威运动，抗议日本右翼分子的修正主义行为。

虽然新历史教科书引起了外交方面的强烈抗议，但这场争议也产生了一些积极影响。日本对待教科书的方式由此发生了较大转变。2005 年，日本外务省批准发行了八版中学近代国际史教科书。这批教材被翻译成中文、韩文和英文，这样一来国际社会可以共同了解其中对日本军国主义历史的描述。这些日本教科书中的确包含了有关日本侵略史的内容。例如，中学课本中描述了 1937 年卢沟桥事变后日军侵略中国的历史，对南京的袭击，日本侵占亚洲国家所造成的成千上万的受害者，以及被驱逐到日本服苦役的中国人与朝鲜人，甚至还提到了日本对于其他亚洲国家的优越心态。

日本教科书的争议还促使中、日、韩三国进行了会晤。2001 年，来自中、日、韩三国的学者和教育家集会对此进行了抗议，并决定共同编写一本教科书。这本书的日文书名是"未来をひらく歴史"，意为"开创未来的历史"①。这是第一本试图以三方观点互相补充编写而成的教科书，2005 年分别以中、日、韩三国语言出版。然而，这本书没有在任何一个国家成为真正的教材，相

---

① 中文版名为《东亚三国的近现代史》。——译者注

比于学生，它的受众更多的是成年人。这本书在中国的销量最高。2006年，中日两国政府决定发起共同历史研究计划。2010年1月，最终报告发表在日本的网站上。这份报告是中日两国学者互相妥协的结果而非联合声明，双方学界各自陈述了本国关于战争的看法。而《超越国境的历史认识》一书则与之不同。中日两国的著名历史学家一起讨论了"中日关系中的争议事件"，最终将结果汇总成书。此书先以中文和日文形式出版，2012年被翻译成英文。

共同编撰历史出版物的尝试带来了一系列好处：第一，学者们必须认真思考三个国家对历史的不同态度，记录这些不同的观点，特别是在谈及有争议的问题如南京大屠杀时。第二，他们要就三国历史教学的不同方式互相妥协，达成统一。第三，他们学会了用批判的眼光看待自己所在国家书写历史的方式。第四，一个跨国家的学者合作网站成立了，这对于未来是非常重要的。

最后，我们必须正视一个令人不快的事实，那就是臭名昭著的日本右翼教科书的确带来了许多问题。我们普遍认为，日本战后出生的人对日军在二战期间的所作所为知之甚少，包括十四年的侵华战争以及对东南亚诸国的侵略。前文已提及，当日本战俘向年轻人讲述自己的故事时，这些年轻人都对于本国军人在战时犯下的罪行感到非常惊恐。山根和代是接受过高等教育的和平学讲师，让我们极其震惊的是，即使是她也曾一度对日军暴行一无所知，直到1998年她读到了张纯如的《南京大屠杀》（*The Rape* of Nanking）一书。这些都表明，学校教科书应当彻底揭露战时发生过的一切，而非轻描淡写、一笔带过。每个中国人都知道广岛和长崎，也知道原子弹给这两座城市带来的破坏，但又有多少日本人知道南京大屠杀，知道在1931年至1945年间死去的1 500万至2 000万中国人呢？

日本的道歉

1972年中日两国恢复外交关系时，中国表示放弃向日本政府索赔的权利，中国宣布："为了中日两国人民的友好关系，放弃对日本国的战争赔偿要求。"

1972年9月，中日两国签订联合声明后，日本首相田中角荣说："日本方面痛思日本国过去由于战争给中国人民造成的重大损失的责任，并进行深刻的反省。"

1982年，日本内阁官房长官宫泽喜一就日本教科书争议问题发表了一番陈述："日本政府及日本国民深刻地认识到，过去日本的行为给包括中国在内的亚洲各国的国民造成了巨大痛苦和损失。"

1992年，明仁天皇访华，他是第一位访华的日本天皇。六天的访华行程中，他在北京表示："在两国关系悠久的历史上曾经有过一段我国给中国人民带来深重苦难的不幸时期，我对此深感痛心。战争结束后，我国国民基于不再重演这种战争的深刻反省,下定决心,走和平国家的道路,开始了国家的复兴。"尽管这样的陈述有些模糊,也并非官方道歉,但还是具有重要的意义。

日本首相发表过的道歉中,被引用最多的是1995年村山富市在太平洋战争结束五十周年纪念日时的讲话:"我国在不久前的一段时期……的殖民统治和侵略,给许多国家,特别是亚洲各国人民带来了巨大的伤害和痛苦……我再次表示深刻的反省和由衷的歉意。"这段陈述是在日本内阁全权支持下起草的。

1998年,中日两国就构建两国友好同伴关系以及发展和平与合作关系的问题发表了《中日联合宣言》,日本首相小渊惠三表示:"日本痛感由于过去对中国的侵略给中国人民带来巨大灾难和损害的责任,对此表示深刻反省。"

2005年8月,在太平洋战争结束六十周年纪念日时,日本首相小泉纯一郎重申了日本对曾侵略过的诸国及其人民的歉意,措辞与村山富市基本一致。

2015年8月14日,日本首相安倍晋三在七十周年纪念日时发表了长篇讲话,这篇演讲基于日本专家小组对20世纪历史的一份研究报告,主要目的是争取日本国内大多数听众的认可,包括日本右翼组织。安倍就日本发动战争表示歉意,但转而指责殖民主义和经济集团才是一切的罪魁祸首。这次讲话中关于日本对中国及其他亚洲国家的道歉并不像村山和小泉的陈述那样直截了当。和以往一样,日本对其自身的损失包括广岛和长崎表示了悲痛，但并未提及日军所犯下的暴行。讲话中三次提到中国经受的苦难，其中最明确的一次是"在战争中饱受欺凌的中国人民，他们能够做到这样的宽容需要多少努力"。这样的言辞无法让中国确信，安倍是否真心想对日本侵华历史表示悔恨。

综上所述，日本对过去的所作所为表达了悔意，但这些陈述都比较笼统，官方道歉中也一直没有增添细节。中国人民希望日本能对南京大屠杀和其他类似事件做出更加官方的承认，比如侵占东三省等。另外，小泉纯一郎及其他日本首相参拜供奉甲级战犯的靖国神社的行为，也使中国对于日本道歉的真诚性产生了怀疑。尽管如此，日本还是表达了悔意，此外，也不断重申了对和平的追求以及未来不再走军国主义道路的决心。

和平宪法

和平宪法，也就是日本宪法第九条，一直受到许多日本人尤其是经历过战争的一代的支持。日本宪法第九条的标题是"放弃战争"，内容如下：

> 日本国民衷心谋求基于正义与秩序的国际和平，永远放弃以国权发动的战争、武力威胁或武力行使作为解决国际争端的手段。为达到前项目的，不保持陆海空军和其他战争力量，不承认国家的交战权。

此前已提及,在日本和平宪法的强烈拥护者中,曾经的职业军人是重要力量。比如,代表日中友好旧军人协会的金子幸太郎说:"1945年8月15日是日本历史上最重要的时刻,正是在这一天,我们开始思考侵略战争的失败,决定制定和平宪法。我们想要将这样的精神深藏于心,并传递给我们的子孙后代。"他和他所属的组织将会一直反对取消和平宪法。另一名老兵,代表士兵与平民反战协会的猪熊德郎则表示:"战争是杀手。它一无是处,仅仅是无情的杀手。"他担心新的一代会对战争全无记忆。"宪法第九条是在战争中成千上万人民的不幸、仇恨以及苦难中应运而生的。"来自"中归联"的高桥哲郎说,"第九条是人们现在最紧迫的关注点,但我认为问题源于《日美安全保障条约》,它凌驾在了第九条之上。我想我们必须开始广泛讨论用第九条来压制《日美安全保障条约》的问题。"他呼吁年轻人要有"对战争事实的清醒认识"。

中国的努力

学界观点

步平的观点

中日共同历史研究中方委员步平对中日关系问题已有多年的研究。作为历史学家，他更多地从中日历史问题产生的根源出发，认为中日两国长期以来的矛盾产生于战后没有得到妥善处理的"大东亚战争史观"和天皇制，以及不彻底的战后处理，包括战俘问题、领土归属问题和国际法庭审判的缺陷等。在他的著作《中日历史问题与中日关系》中，他对战后中日两国关系的主要矛盾点进行了一一梳理和研究，并提出了自己的看法。他的观点佐证翔实，较为理性客观，可以作为中方知识分子的代表性观点，供研究中日关系的各国学者参考。

在战争责任问题方面，他提出战争的主要责任者固然是以军国主义分子为代表的日本右翼军阀势力，但日本普通民众既是这场战争的受害者，也是不可推卸的一般责任人。日本民族本身具有一种传统的群体观念，强调的是个人对群体的认同、忠诚和归属，而日本官方也正是利用这种传统观念，将日本民众裹挟到侵略战争当中，使后者半被迫半自愿地接受和支持了这场战争。日本方面一直以来都在强调自己已多次道歉，并且中方已经在两国建交时放弃了对日本的战争赔偿要求权，但步平认为，事实上，日本方面一直在设法逃避战争责任。1972年日本首相田中角荣访华时，中方表示愿意放弃对日本的战争赔偿要求权。然而，日方却认为这一问题在台湾当局与日本国签订的所谓"和平条约"中已得到解决，因此没有必要再予讨论。中方严正指出，中方放弃赔偿是出于两国的友好关系前景和人道主义考虑，蒋介石政府在逃往台湾时与日本签订的条约纯属慷他人之慨，并不能代表中国政府。在中方的坚持下，联合声明中才最终收录了这一条目。步平指出，这正是日方设法逃避对华战争责任的图谋。

关于中日两国间一直争议不断的靖国神社问题，步平也有自己的思考和研究。他对靖国神社创建以来的历史进行了梳理，认为它事实上只是一个彰显"英灵"的宗教机构，但战后被怀有"靖国情结"的日本右翼分子刻意冠上了"追悼设施"的名头，成了全面肯定和美化侵略战争的机构。他们也正是利用了战死者遗属追悼亡者的感情，将靖国神社打造成了战死者遗属失去亲人的情感寄托，从而获得了部分日本普通民众的支持。步平认为，战死者遗属的情感寄托是人之常情，并非不可理喻，但日本侵略者在亚洲造成的 3 000 万罹难者的遗属的情感更加不容忽视。参拜靖国神社的行为损害的是 3 000 万亚洲死难者及其遗属的感情。

历史教科书问题也是始终影响中日两国关系的一大问题。作为历史学家，步平不仅讨论了战后历史教科书争议问题，还就战前和战时日本历史教科书对战争的推进作用进行了研究。他认为，这一批教科书神话天皇、强化普通民众的忠君意识，是军国主义分子将日本普通民众裹挟进战争并使其成为侵略战争支持者的有力工具。战后日本右翼分子篡改教科书，掩盖、美化侵略战争事实的行径则更加广为人知。以扶桑社《新历史教科书》为首的一批日本右翼编纂的历史教科书，自己编织了一套理论体系，转移矛盾焦点，将日本的侵略战争行为美化成自存自卫的必须行动，严重损害了日本与亚洲各国之间的和平前景。

南京大屠杀问题一直是影响中日两国关系发展的主要障碍之一。步平认为，中日历史问题是政治判断、学术研究和民众情感三个层面相互交错的问题，而学术研究是解决历史问题的基础。近年来，中日两国学者通过共同编写历史教科书、成立中日共同历史研究机构等方式，已经在努力寻求对这一问题的共识，促进中日和解。步平提出，中日两国学者可以尝试从以下三个方面一起努力来推动历史共同认识：第一，建立资料库，加强史料研究；第二，构建对话机制，深化专题研究；第三，拓展学术影响，引导社会共识。学者的研究成果不应仅仅局限于学术界，而应向中日两国公众推广,从而引导社会形成正确的历史认识。

总的来说,以步平为首的中日共同历史研究中方委员们认为,战后中日关系一直处于曲折的发展状态中,历史问题始终阻碍两国走向和解与和平的未来。针对这样的现状,两国学者不应试图歪曲或杜撰历史,而应直面既已发生的灾难,寻求双方都可以接受的情感中和点,形成一种共同的、超越国境的历史认识,并引导两国人民正确面对历史,迈向和平未来。

李建民的观点

中国历史学者李建民对冷战后的中日关系史也有所研究。他将1989年至2006年的中日关系史划分成四个阶段。

1989年6月至1993年7月,这个时期被李建民称为中日关系发展的新起点。冷战结束后,由于一系列原因,中国面临外部环境的恶化,而日本也在谋求摆脱西方大国的影响。当时临近中日邦交正常化二十周年纪念,两国均欲借此机会加强彼此之间的联系,于是,日本明仁天皇实现首次访华。除了官方层面的交流,两国民间组织也开始加强友好和文化交流,中日友好21世纪委员会的活动和中日民间人士会议的召开是其中最为突出的两大成就。在双方的共同努力下,这一时期两国之间政治、经济、文化层面上的交流都得到了大幅发展。

1993年8月至1997年8月,中日两国关系急剧下滑。原因有很多,包括"中国威胁论"的兴起、日美同盟关系的"再确认"以及钓鱼岛问题等中日政治摩擦的加剧。李建民认为,即使是在这一时期,两国也并没有放弃建立良好的双边关系。特别是在民间层面上,两国人民始终在努力促进中日和解,展望和平前景。中日友好21世纪委员会持续召开,并受两国总理委托,就发展面向21世纪的中日关系向两国政府提交了共同政策建议。同时,在日本,虽然有一部分顽固的右翼分子不断否认侵略罪行,但仍有许多民间友好人士在不断抗争。日本著名历史学家家永三郎就是其中的代表。他主持编撰了一套历史教科书,其中较为客观地记述了侵略战争的史实,但遭到日本文部省的指责和删改。从1965年至1997年,家永三郎不断上诉要求恢复教科书全文,却始终遭到拒绝,但他的不懈努力在日本国内和中国均引起了巨大反响。

1997年9月至2001年4月,世纪之交之际,中日友好合作伙伴关系确立。两国总理实现互访,中日关系走出低谷,江泽民以中华人民共和国主席的身份造访日本,两国共同为发展中日间的友好合作伙伴关系而努力。但在良好发展态势的大背景下,不和谐的声音也一直未曾停止。日本开始要求加强军队,希望能摆脱和平宪法的束缚,在国际上发挥政治和军事作用。

第四个阶段是2001年4月至2006年9月,也就是小泉纯一郎执政时期。这一时期,中日两国关系出现停止与倒退,政治、经济、社会、历史问题等各个领域的冲突与摩擦不断,两国和解进程出现僵局。虽然如此,两国官方和民间依然没有放弃谋求和解与友好关系的努力。官方层面上虽然关系紧张,但两国领导人还是在努力保持接触。民间层面上的交流则始终呈现良好的发展态势,双方互访频率提高,两国青年交流也日渐增多。这些为未来两国关系的发展前景打下了良好基础。

李建民认为,不管处在亲密期还是紧张期,中日两国关系始终都存在和平发展的可能。冷战以来,虽然两国关系发展曲折离奇,但官方和民间层面上的交流都始终没有真正中断过。中日两国和解与和平的未来关系是必然趋势,但这需要漫长的时间、不懈的努力和耐心的等待。中日关系今后的发展也不可能一帆风顺,必然会出现许多坎坷,不能盲目乐观,但我们要始终坚信两国友好前景的可能性,并不断为之努力。

史桂芳的观点

中国历史学者史桂芳认为,近代中日关系的变迁与近代以来日本人中国观的演变有较大关系。

中日两国有着两千多年的交往历史,其间两国人民结下了深厚友谊。中国是世界著名的文明古国,而日本则是善于学习先进文化的后起之秀,因此在古代社会,日本人对中国充满了敬仰之情。

然而,这种正面的感情在幕末时期发生了变化。当时,由于西方国家的殖民入侵,明治政府开始转变落后的封建制度,学习西方先进文明。在这一过程中,"富国强兵"逐渐演变为军国主义的侵略政策。随着日本国力的不断增强，日本对中国的认识也发生了根本性转变，决定向西方文化靠拢，摒弃传统亚洲文明。到了明治初年，日本人认为要"失之俄美，补之东亚"，逐渐形成了"脱亚论"和"亚洲一体论"两种观点。前者认为西方文化远优于东方，日本应在文化上脱离亚洲，全面向西方靠拢；后者则认为东方文化也有其独到之处，不应全盘西化，亚洲人必须团结一致来抵抗西方殖民者入侵，而亚洲一体化和亚洲复兴都应由日本人来"领导"。这两种观点看似相反，本质却并无区别，只是从两个不同的侧面强调了日本扩张的必要性。

甲午战争和日俄战争正是日本实现其扩张野心的第一步。从这一时期开始，日本人的中国观就发生了天翻地覆的转变。在这一过程中，日本逐渐形成了所谓的"大陆政策"，认为日本的生存和发展需要更大的空间，因此必须向亚洲大陆扩张。尤其是中国鸦片战争爆发后，日本人越发认识到清政府的无能和中国传统优势的瓦解，认为应当由更先进、更优秀的日本来统合亚洲大陆的发展。

20世纪初，中国辛亥革命的爆发得到了许多日本友人的大力支持，与此同时，日本右翼政府却与清政府勾结，干扰和破坏革命党的活动，借机扩大对中国的侵略。日本政府还借中国内乱、自顾不暇之际，加紧对中国东北地区的侵略，企图将东北变为日本殖民地，最终在1931年发动了九一八事变，此后建立了伪满洲国。二战时期，日本打着建立"大东亚共荣圈"和"东亚新秩序"的旗号，扶植汪精卫政权，正式大规模侵略中国，犯下一系列罪行。

战后，为了防止日本军国主义复活，同盟国对日本进行了民主化改革，促使日本走上了和平发展的道路。除指定和平宪法外，美国还在日本实行了一系列的社会改革。这一时期，为了从根源上改变日本人的侵略性思维，战后日本还对教科书进行了改革，从政府指定教科书变为各家出版社自行组织编写，保证教科书特别是历史教科书的真实性，尊重学术自由。

战后中日两国维持了二十多年的非正常关系。在这期间，中日两国民间的交往起到了有力弥合两国人民感情的作用。虽然也有许多困难和曲折，但中日两国的民间交往始终断断续续地维持着。1963年，中国日本友好协会成立，这是中日关系史上的一件大事，也是两国人民友好的里程碑。

史桂芳认为，影响中日两国关系最大的因素始终是历史因素，但两国人民的友好关系又是自古以来无法抹杀的。日本政府必须要以史为鉴，面向未来，才能创造两国关系的新高度。

杨栋梁的观点

中国南开大学日本研究院的杨栋梁教授也从日本对华态度的角度表达了对中日关系的见解。杨教授认为，在中日两国1972年邦交正常化后，日本改变了之前对中国的敌视态度，开始从全方位认识中国，试图从不同的途径与中国接触交往，为发展和加强两国友好关系积极探索新途径，日本人对中国亦多持友好态度。1979年日本首相大平正芳访问中国，他真诚反省并批判了日本侵华战争，其态度和立场得到了中国人民的赞扬。在欢迎宴会上，中日两国友人亲密同坐，叙谈两国人民友好关系的共同期盼，期盼中日两国人民的友谊在20世纪80年代以至更远的年代长存。大平正芳表示，日本将在资金供给上为中国的现代化建设提供支持与合作。日本也是第一个向中国政府提供贷款的国家。

随着国际局势的巨大变化，两国关系也随之出现波折。杨教授指出，邦交正常化后，日本对中国的这种积极认知态度并没有维持太久。进入20世纪90年代，中国的崛起给日本既提供了经济发展的新机遇，又带来了巨大压力。日本对中国的态度时而积极，时而消极，但更倾向于把中国看作为需要谨慎防范的竞争对手，出现了戒备、遏制中国的声音，两国的友好关系也一度遭遇挑战。杨教授认为，日本对中国的态度虽然发生了变化，但这种变化一直十分复杂而微妙。

一方面，随着中国国际地位的上升，日本进一步加强了对华政策上的防范与遏制。杨教授指出，日本新生代的政治家在政治理念上较少受和平宪法的约束，他们没有经历过战争，缺乏老一辈政治家对待历史问题的负罪感和愧疚感，更多地是从现实利益出发制定政策，偏向防范和竞争的政策。

另一方面，日本也已经意识到加强亚太地区合作的必要性。中日关系是日本外交框架中的重要部分，中日关系对日本的国际关系举足轻重。日本外相河野洋平曾说,"良好的中日关系是日本与西方国家打交道的一个有用筹码"。两国间的关系与两国国家利益休戚相关。杨教授认为,中日关系已进入合作与竞争、抑制与防范并存的错综复杂的时代,成熟的中日关系不单单是历史上发展起来的强调友好之关系,而且是更为务实、就事论事的关系。

今后,中日关系将会一直处于这样一种竞争与合作交融、充满变数的状态中,但是我们要警惕并避免两国关系的恶性发展。杨教授指出,中日两国的历史向我们昭示,中日两国合则两利,斗则两伤;和谐稳定、实力强大的中国,是中日关系健康持久的根本保证。

时殷弘的观点

中国国际政治学者时殷弘教授在《中日接近与"外交革命"》一文中也表达了对中日未来发展关系的看法。

他认为,如果任由中日两国多数人民之间的相互敌意发展下去,对中国的未来发展十分危险。如果这种情况恶性发展下去,日本的反华、排外、极端民族主义和政治、军事扩张主义的极右势力就有可能有朝一日控制日本的政治和对外政策方向。在这样的内外环境下,中国尝试与日本接近,缓解两国的紧张局势至关重要。时教授指出,应当从全局观念出发,争取改善中日关系、实现中日接近,以便中国能够在中长期安全意义上尽可能集中应对美国实在和潜在的对华防范、压力与威胁。

同时，时教授在中美关系的框架下讨论了日本方面阻碍中日接近的重要因素。日本向来缺乏独立外交，是美国在东亚的首要盟国，美国和日本的现有矛盾不足以动摇两国形成的同盟关系；日本也常常会对中国的外部忧患抱有庆幸心态，恐惧中国力量的增长，对中日合作心存疑虑。

时教授还指出了日本强烈渴望与中国接近的重要原因。中国和日本毕竟是邻国，地理位置上临近，中日敌对不可避免会令两国担忧。如今全球经济形势不容乐观，在此环境下，中国的贸易和投资对日本来说不可或缺。随着中国经济的蓬勃兴起，日本也需要依靠与中国的团结合作来保持东亚格局中的自我影响，需要通过与中国在东北亚区域安全方面协同合作，来维持本国的安全感及政治抱负。

时教授指出，二战后日本国内的准和平主义"贸易国"政治文化始终是国家社会主流，虽然这种文化在不同时期受到不同程度的侵蚀，但日本仍然需要维持这样一种形象。此外，美国的威胁性对东亚安全与日本安全始终是一大隐患，日本希望在这种处境下，改变自己虽处于东亚但与邻国关系疏远的状况。

时教授认为，中日接近对于改善两国的安全处境及外交地位具有显著利益，然而受历史、民族心理和东亚国际政治构造等因素的影响，两国接近存在很大困难。这便需要两国从全局性安全环境和外交地位考虑，坚定而主动地谋求接近。

马立诚的观点①

马立诚的基本立场是,尽管没有明确认定,但中日和解进程一直是在起起落落中前进。历史表明,最晚从 1950 年开始,中日和解进程就开始向前发展。但近些年来,日本在中国部分人眼中被视为完全没有和解可能性的敌人。然而,与此同时,两国间和解的渴望与和平共处的愿望也在被反复强调。他认为和解的进程是必要的,并且一直在向前发展。

马立诚提到了中国作者周立同②的观点,周立同认为,中日之间的分歧永远不会被解决,日本是中国的主要敌人。马立诚拒绝这种观点,他的辩论基于以下两个层面的历史:一个层面是抗日战争史,另一个层面是两国和解的历史。

在涉及抗日战争史的第一层面,他强调了日本侵略中国的苦难事实。我们难以忘记这场灾难,我们也不应忘记,但仅仅记住这场战争还远远不够。日本侵略的历史给中国人民带来了巨大苦痛,在他们的脑海和心灵中都留下了创伤。这种痛苦难以言表。但与此同时,战争也给日本人带来了苦难和伤痛。战后日本社会和日本政府深刻地意识到了他们对中国的所作所为,这种意识源于对和解与和平的渴望。

---

① 马立诚 2015 年 8 月在日本期刊《中央公论》刊登的一篇文章里概括了他对中日关系的看法。作者葛西实教授在这里总结了马立诚的观点。
② Litong Chou,音译。——译者注

第二层面是关于中日和解的历史。1972年至2008年间，中日双方交换了几份重要公文。第一份是1972年的《中日联合声明》，标志着战后中日关系第一次实现了正常化，双方都认可两国是伙伴关系。第二份是1995年8月日本首相村山富市为战争期间给邻国带来的伤害进行的官方道歉。村山的道歉无疑建立了日本愿意为历史承担责任的立场。道歉中声明，日本在过去侵略了包括中国在内的邻国，对其造成了伤害和苦难。这份宣言得到了中国以及其他东亚国家的欢迎。

另一份里程碑性的政治文件诞生于2008年5月7日，中国国家主席胡锦涛和日本首相福田康夫签署了一份联合宣言，全面推进两国战略互惠关系。双方政府一致认为，不使用武力威胁，通过协商等和平途径，所有问题都会得到解决。这种方式和实现1972年《中日联合声明》的方式很相似。马立诚认为，这几项政治文件处理的是日本侵略中国导致的历史遗留问题，也反映了日本重视的态度和不再重蹈覆辙的决心。自战争结束起，和解的进程就开始了。一方为过去的行为道歉，另一方宽容地接受了这份道歉，双方都在共同前进。这种互动关系在双方签署的联合宣言中得到反映。

然后，马立诚转向中日关系其他层面的问题。1984年的9月和10月，3000名日本青年受邀访问北京，在北京人民大会堂受到了接待，访问活动达到高潮。如果中日两国青年能够发展友好关系，如果他们的孩子也被教育去追求同样的梦想，那中日关系将会得到空前改善。

1989年7月，七国集团领导人对中国采取经济制裁。日本也是七国集团成员之一，但并没有参与这项决定。那时，中国受到孤立，经济衰弱，亟须支援。尽管是七国集团成员，日本还是在8月同中国恢复了经济联系。随后，日本国会中支持中国的一些议员来到北京，与邓小平会面。邓小平对他们的支持深表感激，对他们说：日本是我们的朋友。

但从2010年钓鱼岛争端开始，中日关系一度恶化。尽管如此，两国间的来往游客流量仍在持续增加。马立诚说，在去过日本的中国人中间有这样一种说法：如果你去过日本，你对日本的看法就会发生改变。不少人去过之后，发现日本繁荣而干净，文明而有礼，秩序而友善，为此很受触动。

2014年12月13日，中国举办了一场祭奠南京大屠杀遇难者的特殊纪念活动。中国国家主席习近平在南京大屠杀死难者国家公祭日仪式上说，举行公祭仪式的目的是要铭记历史，唤起人们对和平的向往和坚守，而不是要延续仇恨。他鼓励中国人和日本人以史为鉴，继续发展和平友好关系，为和平做出贡献。马立诚指出，习近平的讲话中也涉及了两个层面。不容置辩，日本侵华的历史决不能被遗忘，但同时我们也不能继续滋生仇恨。

马立诚指出，中国领导人也在强调鼓励中日和平共处的重要性。中日和解的历史可以追溯到中国共产党政权建立之初。这一政策代表了中日关系始终如一的发展方向，也代表着中国未来的方向。我们不能忘记日本给我们带来的苦难,但是如果我们只记住这些苦难,继续背负着仇恨,将不会有和平的未来。因此,追求和解至关重要。

总之,马立诚想让东亚研究作为一个学术科目建立起来,并以"和平、反省、宽容"为主题。他一直在强调宽容,中国人对日本人要宽容,日本也应该学习宽容的美德。观点出现分歧不可避免,我们应当欢迎并接纳不同的观点,同时也必须有宽容的态度。"永久敌人"这样的说法必然会带来战争,宽容才会让和解得以实现。

对留华日本人的关怀

中国归还者联络会由日本老兵组建,对中日关系的发展意义重大。这些士兵回到日本后,承认自己犯下的暴行,试图通过这种方式来弥补在战争中对中国造成的伤害。战争结束后,仍有部分日本士兵滞留在中国东北,当地中国人对这些日本士兵给予了莫大的同情和宽容;然而,很多人却并不了解中国人的这些宽容事迹。顾若鹏在《从人到鬼,从鬼到人》一书中记录了哈尔滨方正县的两个故事。

1945年日本投降后,很多日本开拓民、士兵在撤退过程中亡于方正县,当地人为他们树起了一座纪念碑。顾若鹏记录了刊登在近年中国报纸上的一篇文章:"1945年日本投降时,大约有

15 000名日本遗民（开拓民）仍然集结在方正县，有些人已经在这个地方生活了十几年。这15 000人在取道回国途中，有三分之一的人，多为男性，或卒于饥寒流疾，或被杀害。"① 停战协议签订后，方正县百姓放下了仇恨，他们收养了5 000多名日本遗孤，为其敞开门户，视其为近邻，与其平等相处。报纸中又补充道："方正县大约有10 000名与日本有血缘关系的人在日本生活、工作，有38 000人已经在那里永久居住。"②

中国百姓宽容对待东北地区的日本战争遗民，从接下来的这个小故事中，我们会发现这种宽恕态度其实并不罕见。1945年左右，14岁的小野忠勇为逃离继父的虐待，离家并加入了日本在中国东北的"满洲开拓团"。苏联军队出兵东北后包围了所有日本人，小野忠勇当时和其他人一样也在被包围的队伍里。因小野忠勇和其他几个人年纪尚小，故苏联军队长官放他们自谋生路。他们穿过尸横遍野的街道，最终找到了一个谷仓避难，但是谷仓里并没有吃的。他们不记得在那里躲了多久，可能是一天，也可能是两天，直到后来有当地的中国人带他们离开了谷仓。小野忠勇跟随一个中国家庭去了农场工作、生活。最终，在1950年左右，他登上最后一班遣返日本人回国的船，回到了日本。几年后，小野忠勇在一家旅行社工作，他带领那些曾在

---

① Barak Kushner. Men to Devils, Devils to Men: Japanese War Crimes and Chinese Justice[M]. Cambridge: Harvard University Press, 2015: 37.

② Ibid., p. 317.

东北长大的日本人故地重游。他能讲一口流利的普通话，中国人也很尊重他。他觉得，中国人从来没有将日本人视为往日的"敌人"。他还写了一本关于自己青春时代经历的书——《动荡土地上的青春》。

顾若鹏在书中还引用了这样一个事例：战争结束后，河南省一个贫困家庭发现了受伤严重且半瘫痪的石田东四郎，他们将石田带回家中，像亲人一样照顾了他长达45年，直到1993年他被遣返日本。战争残恶，但中国人以德报怨的品德令我们深受感动。

南京大屠杀遇难同胞纪念馆

侵华日军南京大屠杀遇难同胞纪念馆于1985年建成开放，2005年12月至2007年12月又在原馆的基础上进行扩建翻新。2007年12月13日重新开放的纪念馆在主题和氛围上更积极，反映了中国政府渴望改善中日关系的愿望。《人民日报》深知南京大屠杀七十周年祭这一节点的重要性，发文评论道："正确地看待历史，可以帮助人们在历史的时空中冷静、理性地处理现实中两国之间的矛盾与争议。"

新扩建的纪念馆表达了对和平的渴望。纪念馆外形庄严肃穆，墙壁呈暗灰色调，整体像是一座拔地而起的高高的船头造型，象征"和平之舟"。展厅内详细记载了1937年12月13日至

1938 年 1 月末发生的一幕幕惨绝人寰的景象,当时约有 30 万中国人被杀害。展厅内还展示了一些德国人和美国人在战争期间为中国提供帮助的事迹,他们为救助南京民众建立了国际安全区,令人尤为惊叹。约翰·拉贝的事迹因 1998 年出版的《拉贝日记》而广为人知,纪念馆重点展示了拉贝对南京的贡献。此外,我们也能看到一些展陈,记录了其他外国商人、传教士在南京大屠杀中救出近 3 000 名平民的事迹。

侵华日军南京大屠杀遇难同胞纪念馆俯视图

走出主厅后,参观者将会经过遇难者名单墙和铺满花岗岩与碎石的祭场,墙上铭刻着大屠杀遇难者的名字。接着,来到安静的冥思厅,对面的墙上镌刻着几行文字,最后以这两行结尾:

> 让战争远离人类,
> 让和平洒满人间。

走出冥思厅后,对面的墙壁下摆放着许多彩花彩纸,有些是南京小朋友制作的,也有一些是上海日本人学校的日本小朋友制作的,日本小朋友还折了一串串广岛风格的纸鹤。上面写有如下字样:

> 愿中日两国友好!

最后一部分的和平公园内有一个紫金草花园,我们可以从一座小石碑上了解到,是日本人山口先生捐赠了这座花园,他从日本带来15公斤的紫金草花种,播撒在花园里。这些和平的紫金草在园内开花结籽,象征着中日两国人民和平友好的心愿。从花园中我们可以看到和平女神雕塑，它由手托和平鸽的母亲与期盼和平的儿童组成。在雕塑背面有如下描述：

> 这座雕塑……表达了中国人民痛恨战争与屠杀、追求和平与发展、期盼人类美好未来的心愿。……正面有9级台阶拾级而上，象征人类走向持久的世界和平。

像纪念馆内的所有说明介绍一样，这段话也有中文、英文、日文三种语言的版本。

建立纪念馆并不是为了滋生仇恨，走到参观行程的最后，会发现它表达了对世界和平、中日友谊、远离战争的强烈渴望。南京大屠杀遇难同胞纪念馆前馆长朱成山先生在2007年12月纪念馆重新开馆时说："过去，它只是关于南京大屠杀；如今，和平的内涵更重要。"朱成山从1991年开始担任纪念馆馆长，他对纪念馆的转型产生了重要影响。他曾先后四十余次前往日本，拜访了不少日本的政治家和历史学家。他曾说："修建纪念馆不是为了反日，不是为了谴责日本人，而是为了让我们铭记这段历史。"

在每年的12月13日南京陷落周年纪念日这天，日本的和平活动者都会坚持来到纪念馆。一年中也会有其他团体来到这里，比如日本日中协会植树访华团。他们以种树的形式悼念遇难者，表达歉意。另一位与众不同的参观者是日本的漫画艺术家石川好

和平

Peace

和平女神雕塑

先生。他于 2009 年 8 月 15 日来参加自己的漫画展①开幕式。他选择在 8 月 15 日这样具有标志性意义的日子举办漫画展是经过深思熟虑的,就像他在漫画中讲述的那样,日本人在战争时期,在 8 月 15 日那天遭受了巨大苦难。在南京大屠杀遇难同胞纪念馆举办这样的展览,和在广岛和平纪念馆举办中国大屠杀展览是不同的。这场展览经过各方奔走努力,花了三年的时间才得以成功举办。朱成山表示,这场分享战争记忆的展览,体现了南京大屠杀遇难同胞纪念馆的建立并不是为了表达对日本的仇恨,而是为了追求和平。

约翰·拉贝纪念馆

《拉贝日记》于 20 世纪 90 年代末在日本出版,日文版书名为《南京の真実》。此书在日本一经出版,迅速成为当时的畅销书。

拉贝故居重新得到重视亦源自《拉贝日记》的公开。1996 年,约翰·拉贝的亲人在美国公开了这本日记,让拉贝的事迹及其故居成为公众关注的焦点。2005 年 12 月 6 日,南京大学与德国驻上海总领事馆、西门子公司签订协议,在故居原址建立了拉贝与国际安全区纪念馆、拉贝国际和平与冲突化解研究交流中心。

---

① 石川好先生的漫画展名为"漫画家们的'8·15':在中国讲述日本人的战争经历"。——译者注

约翰·拉贝纪念馆

拉贝纪念馆在 2006 年成为中国江苏省文物保护单位，在 2013 年成为中国重点文物保护单位。它也是中国国家级抗战纪念设施、遗址之一。

南京大学的一位教授在拉贝纪念馆开幕典礼上说，要通过此纪念馆弘扬国际人道主义精神和深入发掘拉贝故居的历史文化价值及加强国际文化交流。德国驻上海总领馆相关领导也肯定了约翰·拉贝在中国做出的杰出贡献，认为他的行为代表了人道主义、诚实和正直。

拉贝国际和平与冲突化解研究交流中心于 2006 年对外开放，欢迎世界各地的学生前往参加活动或做相关研究。许多日本学生，包括日本国际基督教大学的志愿者，都曾来此参观访问。拉贝国际和平与冲突化解研究交流中心建立的目的是促进和平建设与和平学习。交流中心的杨善友主任曾以拉贝故居为基础，撰写过很多关于拉贝及其工作的论文。

拉贝与国际安全区纪念馆和拉贝国际和平与冲突化解研究交流中心的建立也是对约翰·拉贝先生以及南京安全区国际委员会成员的纪念。在这段历史中，人们吸取教训，决心不再让历史的悲剧重演，在世界范围内发扬约翰·拉贝先生的人道主义精神，为世界和平、为不同国家人民的和平交流与合作做出贡献。约翰·拉贝的孙子托马斯·拉贝曾在纪念馆开幕典礼上说："任何时候，为了和平，我们都将不畏艰辛！"

中国的和平教育

2000 年，南京大学历史系世界史学科与考文垂大学和平与和解研究中心建立了合作关系，这是将和平学作为一门学科引入中国的第一步。2003 年，刘成教授完成考文垂大学和平学硕士课程后，将和平学正式引入南京大学。他为本科生与研究生开设和平学课程，并撰写了中国的和平学高校教材。2005 年 3 月，南京大学在南京举办了中国首次和平学国际学术研讨会，主题为"人类历史上的对抗、冲突与化解"。这次和平学国际研讨会由南京大学、英国考文垂大学、澳门基金会、爱德基金会和英国总领事馆文化教育处等机构联合主办。来自不同国家和地区的学者在会上提交了相关论文,并围绕主题进行了为期三天的讨论,对和平研究提出了富于启迪性的观点,由此标志着和平学在中国的诞生。2011年5月,在南京大学又召开了主题为"和平学视角下的宗教、和平与战争"的国际研讨会。①

中国与日本的和平学研究者们还定期开展了双方交流论坛。2015年10月31日,中国察哈尔学会、日本和平学会在北京共同主办了"中日关系的过去、现在、未来"圆桌会议,来自中国、日本、韩国、英国和美国的专家学者参加了这次首届中日和平论坛。在会上,日本和平学会会长佐佐木宽指出,构筑一个中日间新的安全保障框架非常重要。南京大学的刘成教授认为,用和平的方式解决中日关系中的问题是唯一方式,相信中日之间未来会以和平的方式解决争端。与会各国专家学者们一致认为,中日两国应当冷静理智地思考和对待面临的问题,加强两国间的交流和理解,两国友好往来的历史深远,在两国关系的低谷时期,更要加强民间层面的交流。专家们表示:"中日有很多方式、方法和力量来实现两国之间的和平,或者减少、化解冲突,从而避免战

---

① 此后还分别在陕西师范大学、哈尔滨师范大学、湖南科技大学以及南京大学召开了和平学会议。——译者注

争的发生，这是我们每个人的责任和义务。"2014 年，刘成教授建立了中国第一个和平学网站①。2017 年 2 月 23 日，"东亚和平的新愿景"学术研讨会暨第二次中日和平学者对话会②在南京召开，来自不同国家的 50 多位专家学者参加了此次对话会，其中中国和日本各有 10 名专家学者参加。"和平学之父"约翰·加尔通作为特邀专家出席了会议，他在发言中回顾了中日两国的关系，通过"遣唐使"一例指出中日两国渊源深厚。在对话会中，学者们探讨了东亚和平、南京大屠杀、"慰安妇"、中日关系等问题，共同发布了《南京共识》。大家一致认为，中日两国应当正视历史，从历史中吸取教训，防止悲剧重演；两国人民要增强对话与交流，要着眼未来，加强青年人的培养，播撒中日两国世代友好的种子；要维护和平，树立人类命运共同体意识，为东亚与世界和平做贡献。

  20 世纪的动荡不安让中国承受了苦难记忆，战争与和平是深植于民族情感与历史的永恒主题。积极的一面是，中国政府在努力建设和谐社会，同时希望维持和平的国际关系。另一方面，伴随着中国经济的发展，也可能会出现新的矛盾与冲突。而到那时，和平学又将会对化解矛盾做出怎样的贡献呢？

  刘成教授认为，我们必须铭记南京的历史，但决不能用 1937

---

① http://www.peacestudiesinchina.com.
② 第三次对话会将于 2018 年在日本召开，中日和平对话将会一直持续下去。——译者注

年的大屠杀来滋生仇恨和痛苦。作为历史学者,他深知历史是一面镜子,能为当今的是非荣辱提供借鉴。教育者面临的挑战是,如何让学生以正确的视角去学习历史,学习如何促成和平以及寻找和平解决的途径。同时,学生们可以将和平原则与理念应用到自己的日常生活中,以理解我们所追求的和平是具有实践性的,并且对人类意义深远。

2009年,南京出版社出版了刘成教授主编的三本适用于中小学教学的"和平成长系列"丛书。随后,该丛书入选中国"2010年新闻出版总署向全国青少年推荐百种优秀图书"。南京师范大学附属中学率先开设和平教育课程,将该丛书作为阅读参考书。和平学在中国的发展实现了新的突破。丛书邀请了钱乘旦教授作序。钱教授是中国极为杰出的历史学者之一,现任教于北京大学,曾在南京大学任教。在南京执教期间,他支持并促进了和平学的发展。钱教授在丛书序言中强调,和平不仅仅是没有战争,还意味着公正、人权等,而这种意义上的和平只有通过非暴力的途径才能达到。

中国教科书在南京大屠杀这一历史遗留问题上,强调课程目标在于帮助、提醒年轻一代避免重演历史悲剧,正确对待现代日本,积极追求世界和平。十四年的残酷战争留下了伤痛记忆,中国和日本如何才能轻松地发展两国正常关系?当两国发生矛盾冲突时,中日两国如何才能不做出情绪化的冲动行为?学校在12月13日那周组织学生参加公祭日特别活动,就是为了促进一种理性、非暴力行为的发展。

刘成教授还与德国的埃贡·施皮格尔教授合写了一本独具特色的中英文双语对照的图解和平学著作《全球化世界的和平建设——图解和平学》。该书于2015年由人民出版社出版。

和平学、和平博物馆在日本和西方国家已经历了很长时间的发展，而在中国才刚刚起步。随着二战的结束和要求消除核武器的呼声，日本和平宪法应运而生。原子弹给广岛、长崎带来的破坏催生了人们向往和平的强烈愿望，西方的放弃核武器运动也促进了和平学的发展。任何国家，包括日本和西方国家，再也不能靠军事力量来侵占中国。

如此看来，中国的和平学将会收获什么？这个问题并不难回答，因为如今的中国政府致力于推动建设持久和平、共同繁荣的和谐世界。当下和平学在实践中遭遇的挑战是，如何在维护中国利益的前提下，以非暴力途径解决冲突。

中日两国政府关系

1945年8月15日,日本投降当日,蒋介石发表广播演讲,呼吁中国人民要对日本宽容,而不是仇恨与报复。这也是蒋介石对日本"以德报怨"政策的重要体现,强调对日本要不念旧恶,与其为善。他将战争的罪责归于日本军国主义体制。即使在战争结束前,国民党也一直主张对日本战俘宽大处理,希望能够策反战俘。中华人民共和国成立后,中国共产党对日本也采取了类似的政策,遣返数千名日本战犯回国,并与日本建立了非正式贸易联系。从中可以看出,国民党和共产党在战后对日本采取了一致的宽容态度。

毛泽东主席很早就提出了改善中日关系的政策。1972年,中日两国正式建交。1972年9月的《中日联合声明》有九项条款,在声明序言中,日本痛感过去由于战争给中国人民造成了重大损失,对此表示深刻的反省。在声明中,中国放弃了对日本的战争赔偿要求。在此声明基础上,两国政府达成一致,中华人民共和国政府和日本国政府同意在互相尊重主权和领土完整、互不侵犯、互不干涉内政、平等互利、和平共处各项原则的基础上，建立两国间持久的和平友好关系。根据上述原则和联合国宪章的原则，两国政府确认，在相互关系中，用和平手段解决一切争端，而不诉诸武力和武力威胁。关于此声明的细节以及双方理解这份声明条款的分析，请参考《超越国境的历史认识》[①] 中杨志辉所撰写的章节。

1978年，邓小平访问日本，与日本首相福田赳夫签署了《中日和平友好条约》，中日两国贸易往来得以实现和发展。然而，20世纪80年代，由于各种原因，包括日本从未重视中国当年给予的宽容，从未正确面对战时的罪证，拒绝承认战争，甚至对当年日军将领在侵占东亚国家时做出的有损日本形象和尊严的行为，也一律不予承认，中国开始谴责日本在战争中的暴行。

尽管如此，中日之间的贸易交流依然走向了繁荣。1978年后，日本在中国经济市场投资数万亿日元，促进了20世纪八九十年代中国工业举世瞩目的腾飞。2009年，中国成为日本第一大贸易伙伴；日本也成为中国第二大贸易伙伴，仅次于美国。截至2012年，日本在中国经营了23 094家公司，比在其他国家经营的公司数量都多。2013年，中日双方贸易总额达到3.12亿美元。

---

① Daqing Yang, Jie Liu, Hiroshi Mitani, et al. Toward a History Beyond Borders: Contentious Issues in Sino-Japanese Relations [M]. Cambridge: Harvard University Press, 2012: 372-410. 此书有中译本《超越国境的历史认识》（社会科学文献出版社2006年版）。——译者注

1998年，中国国家主席江泽民访问日本，这是中国最高领导人战后第一次以官方身份访问日本。十年后，胡锦涛主席也以同样身份访问日本，重申并确认了两国的友好关系。2012年5月，中日韩三国领导人继续就构建三国联合贸易区谈判。尽管后来合作进程受阻，但这项计划并未被彻底遗忘。2015年11月1日，中日韩首脑峰会时隔三年半在韩国首尔举行。三国就建立三方贸易与安全纽带达成共识。中国国务院总理李克强、日本首相安倍晋三、韩国总统朴槿惠发表了联合宣言。

除了官方访问之外，中国和日本游客的双向交流也迅速增加。1972年，中日之间人员流动只有9 000人次；到1982年，增至90 000人次；而到1993年人数又增加了九倍，达到900 000人次。更为重要的是，两国常住人口数量变化显著。2006年，长期居住在中国的日本人只有115 000人；而长期居住在日本的中国人有520 000人，到2013年增至649 000人。这一数字与中国赴日游客数字一同继续增长。2014年，中国游客赴日数量增长了83%，达到2 400 000人。

2011年3月，日本的地震和海啸震惊了全世界。中国及时支援了陷入痛苦的邻邦，表现出与其同舟共济的决心。这与2010年钓鱼岛争端后一直存在的反日呼声形成了鲜明对比。地震后，中国官方社论侧重于对日本所遭受的灾难表示感同身受，以及从日本应对地震的措施中总结经验。中国官方媒体新华社再次报道了 2008 年汶川地震时日本给予中国的支援,当时日本百姓自愿为中国组织募捐,还组织了日本救援队救助震中伤员。新华社评论道:"随时准备好互相帮助的意愿,是这两个亚洲文明邻国久经考验友谊的自然反应,以德报德的美德流淌在两个民族的血液中。"

中日和解的视角

和解是一场旅行，在这段旅程中，我们由敌人变为朋友。每段旅程都会发生令人难忘的故事。我们讲过我们俩的和解故事，它仍在进行着。国家也一样，国家也有自己的故事，也在从矛盾冲突到探索友谊的道路上前进着。从1972年起，中国和日本就在这条路上启程了。尽管有些难以逾越的障碍仍如山峰一样横亘在两国中间，但我们还是要去思考一个长远的问题：中日两国及两国人民如何实现和解？

众所周知，中日两国关系中近些年来存在不少矛盾和障碍，这也是两个国家过去、现在和未来的分歧所在。所有严重的国际争端都有其深刻的历史渊源，除非双方都积极处理好历史遗留问题，否则矛盾将会永远存在。

过去、现在和未来

回首20世纪,中日两国都经历了痛苦与磨难,但两个国家痛苦的方式各有不同。对中国来说,从1895年日本侵占台湾到1945年日本宣布无条件投降,这是一段在日本侵略下的屈辱岁月。1900年义和团运动后中国向日本赔款,1914年日本侵占青岛,1931年"九一八"事变后日本侵占东三省,一个又一个屈辱接踵而来。令中国人印象最深的仍然是日本侵华战争,尤其是1937年12月的南京大屠杀。中国无法忘记日本的侵略,并且决不允许这种侵略再次发生。

20世纪的日本,自豪与痛苦交织在一起。自豪的是,1940年前和1960年后,日本效仿西方国家,在工业和科技上取得了骄人的成绩,实现了国家的现代化。痛苦则来源于,美国于1945年8月6日和9日分别在广岛、长崎投下原子弹,8月15日日本宣布无条件投降,之后美国占领日本,日本遭受严重创伤。

在塑造国家的身份时,态度起着至关重要的作用。中日两国都认为自己是受害者,然而这种认知并不是互相对应的。中国是日本侵略战争的受害者;西方国家让日本陷入苦难,而中国却未曾给日本施加过战争伤害。中国未曾忘记历史，立志再也不要像过去那样被欺凌。双方都会充满自信和骄傲。中国觉得日本在文化和技术上仍然充满强烈的优越感。我们不应忽视日本的这种自我优越感，日本人对邻邦中国人的傲慢态度也是造成日本侵占中国后对中国民众实施种种暴行的原因之一。

当下国际关系充满摩擦、冲突与合作，变幻莫测。自 2010 年钓鱼岛争端以来，中日两国的摩擦与矛盾日益增多，并逐渐升级。近年来，随着中国海军实力的增强，中国强调对南海诸岛及其附近海域拥有无可争辩的主权。南京大屠杀遇难人数、日本当局领导人参拜靖国神社、中东石油天然气储备、"慰安妇"赔偿、日本教科书和台湾问题等因素也加剧了两国关系的紧张态势。尽管如此，经济上的密切合作依然是两国关系的最主要特征。2009 年，中国成为日本第一大贸易伙伴，日本成为中国第二大贸易伙伴（仅次于美国）。2010 年，中国超越日本，成为世界第二大经济实体。日本已经失去了它在 20 世纪 80 年代获得的世界主导地位，科技优势也在逐渐丧失。

展望未来，过去未能解决的冲突和中国的发展，导致新的问题、矛盾接踵而来。日本害怕中国成为一个各方面都无比强大的超级大国后会采取行动，而中国则担心日本会放弃和平宪法，恢复到当年的军国体制，联合世界其他力量一起抵制中国。这些担忧将会动摇东亚国家试图建立和谐经济合作的决心。

宽恕、道歉与和解

宽恕、道歉与和解是解决两国长期矛盾与和平建设的三个主导要素。自1990年南非废除种族隔离制度后，这三个词语一度受到重视，尤其是在文学作品中得到了极大关注。如何定义和理解这三个概念至关重要。

南非总统纳尔逊·曼德拉的举动成为南非的宽恕典范。1963年，激进暴力的曼德拉因反抗种族隔离而被判入狱。27年后，他从狱中走出，对这个世界满含宽恕。曼德拉是非洲民族会议的领导者，他深知自己的行为会对南非政府产生多么重要的影响。如果曼德拉没有原谅当年那些逮捕他入狱的人，那么南非将会陷入无休止的流血冲突和内战中。相反，他选择去原谅政治对手和典狱官，邀请曾经的狱卒作为嘉宾来参加自己的总统就职典礼。曼德拉的和平革命是对德斯蒙德·图图主教《没有宽恕就没有未来》(*No Future Without Forgiveness*)一书的最好注解。

曾经的过错需要被宽恕。而宽恕是在事实已经形成、再也不能挽回之时，受害者不再反过来进行报复。当双方在处理一桩单向伤害事件时，这种现象尤为普遍且鲜明。宽恕必须至少具备以下四个步骤：承认错误，双方交换观点，受害方放弃复仇，请求谅解、给予宽恕。正如我们在前文所提及的，当埃里克·洛马克斯在战争结束五十年后与永濑隆重逢时，这种宽恕的过程就真切发生了。当洛马克斯在东京一家旅馆里和永濑隆会面时，他就彻底地原谅了永濑隆，放下了仇恨和痛苦，这一故事也成了洛马克斯书中的高潮部分。永濑隆用真诚和忏悔赢得了洛马克斯的尊重。

真正的宽恕需要双方共同为之付诸努力。对洛马克斯和永濑隆来说确实如此，因为这一过程往往伴随着凌辱、痛苦、伤害和真相。受伤害的一方必须发自内心地放下怨恨和复仇的念头；同时，做错的一方必须为造成的伤害负责，向对方表达歉疚并在适当时机修补双方关系。

宽恕并不意味着忘记。在公开承认、解决曾经犯下的过错中，记忆格外重要。铭记历史对双方都很重要，倘若能做到铭记历史，就不会再发生暴行。南非 1995 年的《促进民族团结与和解法案》提议建立南非真相与和解委员会，宽恕这一主题在法案序言中被表述得非常到位。它强调："为了避免将来重蹈覆辙，就过去所发生的事件和违反人权的行为，建立真相机构、将真相公布于众，是非常有必要的。"

宽恕不意味着要赦免过往罪行或为罪行而辩护。宽恕不同于关怀弱者的仁慈或怜悯，在宽恕这一环节中，双方是平等的关系。它也不是一种获得赦免的裁判行为。宽恕不能感情用事，尽管它要解决的是和情感有关的内容。宽恕需要双方经过深思熟虑，方能采取进一步行动。

我们从甘地所坚守的非暴力运动中，发现了一种独特的亚洲认知视角，这对宽恕意义重大。甘地和英国人斗争靠的并不是武力，而是不惜任何代价、百折不挠地坚守事实。事实，或者说真理，存在于所有事物的表象之下。所以，并不存在敌人或者"他者"与我们抗衡。从这一观点看来，由仇恨激起的复仇极为不理智，宽恕敌人是一种必备的美德。

宽恕能否在国家间发生？对此，学者们各执一词。有些人将宽恕定义为人际间的互动，因此它不会在国家之间发生。德斯蒙德·图图曾经做过一个著名的辩论，他以南非的历史为例，论证了宽恕在政治上的重要性。他说，之前他去以色列和巴勒斯坦时，他的观点并没有得到太大关注；但是在南非的转变以及真相与和解委员会成立之后，人们很希望聆听他如何评价昔日敌人之间的宽恕。图图相信，一个团体的领导人有能力代表这个团体摆脱仇恨，让大家对昔日的敌人刮目相看。

然而，威廉·约瑟夫·朗和彼得·布莱克[①]在他们关于冲突解决的研究中发现，宽恕在南非的国内冲突中取得了一定成效，

---

① 两位学者皆就职于美国佐治亚理工学院萨姆·纳恩国际事务学院。——译者注

但在国家间的冲突中，业已取得的宽恕效果却并不显著。国家并不像个人那样经常参加交流活动，一方说"对不起"，另一方就能毫不含糊地接受道歉（比如，像我们上文提到过的四个步骤）。尽管如此，宽恕的诸多要素仍在起效，因此我们将能在发生过冲突矛盾的国家间，看到政治上的道歉以及在和解进程中取得的成果。

如果当年的战争施害方没有向受害方表示任何道歉，或双方没有任何联系，那战争暴行的受害方将会感到更大的痛苦。关于这一窘况，德斯蒙德·图图写道："如果只有当罪犯忏悔时，受害者才能够原谅对方，那么受害者将会一直受制于罪犯的想法……"一些参加过南非真相与和解委员会听证会的证人也支持此观点。以贝斯·萨瓦赫的事例为例，她曾被手榴弹炸伤，她说："我最想做的就是去见见那个扔手榴弹的人。不管他为何这样做，我都将会宽恕他，希望他也能够原谅我。"怀着这种精神，她能够宽恕攻击自己的人，即使那些攻击者并不想见她。

基督徒遵循着耶稣基督的事例，他们坚信受害者能够主动放弃仇恨和愤怒，并宽恕攻击者。他们坚信，当耶稣在十字架上为杀害他的人祈祷时，这并不意味着耶稣主动赦免了所有人，他需要每个期望从上帝那里获得宽恕的人都要坦陈自己的罪行，并深深忏悔。耶稣在敌人忏悔之前，就能够主动原谅他们，这一事例为受害者，甚至是在中日冲突中的受害者，提供了新的启迪。

1940年,德国的轰炸机炸毁了英国城市考文垂。城市中的中世纪大教堂被烧为灰烬。次日清晨,教堂的牧师在烧黑的墙壁上用粉笔写下了耶稣在十字架上逝去之时所说的词语:神父、宽恕。我们都需要被宽恕,在战争中,双方都需要宽恕和被宽恕。战后,考文垂输送相关人员前往德国助其重建德累斯顿,德累斯顿曾被英国轰炸机轰炸。考文垂用和解取代仇恨,建立了国际和解中心,如今它已经成为世界著名和解中心。前考文垂国际部中心主任安德鲁·怀特,如今是巴格达的和平使者,曾经写道:

> 在和解对话中,我经常罗列一方给另一方人民或国家造成的伤害,被积聚起来的伤痛将会带来巨大的冲突和分歧。然而,"神父、宽恕"这一原则将能带我们走出这个困境……宽恕将人们从过去中解放,让人们去成为任何想成为的样子,不管是现在还是未来,都是如此。①

活着的人是否有权利代表那些在敌人魔爪之下遭受痛苦并牺牲的人去原谅敌人?西蒙·威森塔尔在其文集《宽恕?!》② 中也

---

① Andrew White. Father Forgive[M]. Oxford: Oxford University Press, 2013: 26.
② 作者名为 Simon Wiesenthal, 英文书名为 *The Sunflower*, 该书有中译本。——译者注

分析了与此相关的问题,尤其是那些在暴行中失去亲人的个人和团体,也正面临着该困境。生者难以代表逝者去做决定。如果之前的敌人承认了罪行,如果受害方的亲属和国民开始原谅敌人,去放下怨恨和敌意,那也仅仅代表那些人自己的决定。另一位作者分析得更为深刻。他说,宽恕掌握在受害者手中;主动权和宽恕的特权在他们手里;生于爱之中的宽恕不需要创造任何特殊条件,因为爱没有任何条件。①

宽恕这一问题又引发我们考量道歉的意义及其在国际政治中的地位。只有当过错方主动去说"对不起"时,道歉才有可能发生。在任何一种语言中,最难对敌人说出的词语就是"对不起";事实上,在有些语言中,并没有表达道歉的这样一个词语,如此一来,这种想法只能通过间接的方式表达。对于政治家和国家领导人来说,承认错误更是难上加难。

毋庸置疑,道歉对解决国际冲突至关重要。为了更加有效,国家的道歉应当强调承认错误,承担责任,并尊重被伤害的国家。格里斯·沃尔德说,一份公开的道歉需要以叙事的形式记录事实,这样的道歉才有意义。双方都有自己的故事要讲述,不仅是自我的遭遇,还包括对敌人的态度是如何开始转变的,即使他们这一方内部可能并没有达成一致观点。双方在国家的共同历史

---

① Timothy Gorringe. God's Just Vengeance[M]. Cambridge: Cambridge University Press, 1996: 267.

上可能会存在某些共识，比如当下中国和日本研究战争的历史学家的会晤，就可能催生这样一种共同的历史。道歉推动了一种直面过去、解放未来的新叙事体的诞生。

关于道歉的重要性，叶礼庭曾发表过这样独到的见解：

> 战争之后，每一方最基础的要求就是要另一方正视他所造成的死亡。为了否认这些死亡，有人将它们当作一场梦，一场噩梦。如果没有道歉，不承认过去发生的事，过去就永远过不去。幽灵会继续潜伏在碉堡城垛，随时触发战争。当然，道歉也要能深刻反省自己，能够对另一方的悲痛感同身受，承认自己给对方带来了不幸……①

道歉不仅仅是后悔，后悔只是表达"如果这件不幸的事没有发生就好了"这种心理倾向，这和遗忘过去并无二致。道歉应当为造成的伤害负责，并且应该主动提出和对方修复关系。所以，对一个曾伤害和侵略过邻国的国家来说，如果想向对方真正道歉，必须首先承认侵略的事实。

和解比宽恕和道歉更加复杂，它不像宽恕和道歉那样可以通

---

① Michael Ignatieff. The Warrior's Honour[M]. London：Viking/Allen Lame, 1998：189-190.

过个人的力量达成，没有哪个人可以直接给予和解。

和解（reconciliation），听起来像一个和平的词，然而这个词的词源却能引发我们去思考很多复杂的问题。"conciliation"前的"re"意味着重新回到冲突之前的理想状态，同时也向我们抛出另一个问题："我们想要回到哪里？"这反过来又引发我们去思考："和解的目标究竟是什么？"我们追溯历史，会发现中日两国在一千五百年前同属于一个文化大家庭。两国一直是友好往来的邻邦。2007年，中国总理温家宝在日本国会的一次著名演讲中指出，自7世纪唐朝高僧鉴真携佛经东渡日本，中国和日本保持了长达数世纪之久的友好关系。日本作家内村鉴三也认为："日本仅仅是中国延伸到太平洋的一部分，日本文化是一种特殊的中国文化。"1972年《中日联合声明》的序言也指出，"中日两国是一衣带水的邻邦，有着悠久的传统友好的历史"。如今，两国需要共同书写未来篇章，两国都担忧对方的野心，担忧对方任何潜在的威胁和对抗。如果双方在21世纪剩余的这几十年里没有建立一种和谐的共同视角，那么任何解决战争历史记忆问题的尝试都将会失败。

有些人认为，战争终结、放下武器是和解的终极目标。1945年战争结束，我们都决心不再将炮弹对准敌人，然而战争带来的痛苦仍未止息。战时敌对的双方，并不会随着时间的流逝而缓和关系。还有些人认为，当人们放弃复仇的想法、不想再报复敌人时，一切就都会向着更好的方向发展。但是，和解并不仅仅意味着敌对行为的消除，它需要从被恐惧支配的关系向以友谊和尊重占主导的关系做出创造性转变。

修复型关系理念是《圣经》对待这个世界的基础。"和解"与"调和"在希腊语中可以追溯到"allasso"一词，意思是"去改变""去交换"或"成为另一个"。这一词又源自"allos"，意思是"他者"。这个词语表示要去和"他者"交换位置，从而克服两者间的分歧。和解是一个在身份认同上逐渐靠近往昔敌人并与之成为朋友的过程。在《圣经》中，上帝推动人们去实现这一过程，希望人们将彼此视为人类大家庭中的一员。[①]

中日之间的和解问题需要两个国家承认双方都是受害者，双方都需要宽恕。

和解需要双方付出很大代价，包括直面过去的伤痛。它需要作为一个完整的人坦陈过去的所作所为，承认自己给对方带来的伤痛。我们对待罪犯也需要公平公正。每个人都应该为自己国家的行为负责，以及为整个人类的未来负责，只有这样，和解才能真正取得成功。不仅仅是某个大国或者政府对未来的和谐世界负有责任，每个个体、每个群体、每个国家、每个社会的每一部分都应当为新的世界秩序做出无可限量的贡献。

把和解比作旅程再恰当不过，这是一场从过去通往未来的

---

① John W. de Gruchy. Reconciliation: Restoring Justice[M]. Minneapolis: Augsburg Book, 2002: 51.

旅程。国家的和解旅程往往更为漫长。修复国家间的冲突矛盾需要的往往不是几年，而是几十年。和解不是拥有更好的技巧、进程和策略就能达到的。当冲突之火熄灭时，和解并没有停止。只有当双方拥有共同前行的动力时，我们才能真正走向和解。

和解之旅产生于暴力受害者的悲恸声中，广岛和南京都回响着受害者的哭声。这场灾难波及了全世界的人，它让我们与其他人的关系以及生命本身都遭遇了破坏。

这是一场需要历经长途跋涉的旅程，康复疗伤需要时间，心理上的康复往往比身体上的康复需要付出更长的时间。我们永远不会忘记战争所造成的破坏，不会忘记广岛和南京的恐怖，以及暴行带来的创伤。国家和个人一样也需要治疗。德斯蒙德·图图主教建立真相与和解委员会的更深远目的在于，治愈种族隔离留下的伤口，给处于痛苦分裂中的国家带来希望。正因为伤口需要感受新鲜空气，所以社会各界应当吹起真相的清风，吹走迷雾。虽然原因各不相同，但每一方都需要被治愈。

追求真理需要将每一方都看作人类，而不是将对方视为怪兽，像对待野兽一样对待他们。中日间的残酷战争让双方都承受了痛苦，我们必须要面对这巨大的创伤，然后治愈它。尽管人类已经深陷过战争泥潭，战争又造成了壁垒，但是我们仍然种下了希望的种子。在视线之外、地表之下，神圣的精神永不停息地以某种方式继续存在，这是我们始料未及的。有时，新生命的嫩枝初显，曾经和敌人筑起隔阂的个人也展露出和解的希望。通过聆听受害者的痛苦，迎接新事物，穿越种族和文化的边界，和解工作就能真正带来治愈和转化。

政治学者通常会忽略和解，他们认为和解不适用于处理国家事务。然而，最近两位政治学者，一位是中国人何忆南，一位是韩国人许升薰①，她们讨论了因战争痛苦而疏远的两个国家能够实现深度和解的可能性和重要性。何忆南认为，她的《寻求和解：二战以来的中日关系与德波关系》② 一书"第一次较为全面地论述了和解这一主题"。韩国学者许升薰也指出，现存文献中达成深度和解的区域大多是在一个国家内部，它解决的是国家内部的冲突问题，比如南非问题。她在其国际关系著作《欧洲和亚洲敌对国家的和解》③ 中提出，国际关系在政治关系中尤为重要，国家领导人如同个人一样也会宽恕和仇恨。两位作者都列举了在过去的五十年中，德国和法国、德国和波兰关系改善的例子，我们从这些例子中可以发现，曾经因为战争而产生巨大分歧的国家是有可能走向和解的。阿登纳、戴高乐、勃兰特和哥穆尔卡等在他们各自国家的和平进程中起过举足轻重的作用。

韩国前总统金大中提供了一种韩国环境下的亚洲式和解途径。尽管他是一名天主教徒，但在追寻和平的过程中，他被中国

---

① Seunghoon Emilia Heo.——译者注
② He Yinan. The Search for Reconciliation[M]. Cambridge: Cambridge University Press, 2009.
③ Seunghoon Emilia Heo. Reconciling Enemy States in Europe and Asia[M]. London: Palgrave Macmillan, 2012.

儒家共存、合作的思想深深吸引。这些思想在韩国历史中一直受到高度赞誉。他和纳尔逊·曼德拉、圣雄甘地有过相似的经历，他也曾被监禁很多年。然而，这并没有激起他复仇的念头，像曼德拉一样，他反而将宽恕与和解作为他在政治舞台上的核心思想。他英勇地前往朝鲜推广"阳光"政策，后被比作维利·勃兰特的"东方政策"。两位领导人都主动访问曾经与其爆发战争的邻国，这提高了他们谋求和平的声望。

在国际关系中，如约瑟夫·利希蒂和塞西莉亚·克莱格所指出的："真正的和解应当建立在宽恕、悔改、事实和公正的内部动力基础之上。其部分内容应当被理解成一种深植于宗教的美德，或者作为人类相互作用的基础动力（即使这一说法还没有被命名或认同），包括公共生活，也就是政治。"[①] 其中一种促进国家和解的途径是威廉·约瑟夫·朗和彼得·布莱克所提出的"发信号"，即在公开场合向对方发出自己想要进一步发展关系的信号。信号可能由国家领导人在一个公共事件中表现出来，它象征着和解的愿望。1977年，萨达特访问以色列，这是阿拉伯国家领导人第一次访问以色列。他在以色列议会发表了著名讲话，就像1970年维利·勃兰特在华沙犹太起义纪念碑前下跪的举动一样。"发信号"在国际关系背景下是一方单方面主动示好的结果，不

---

① Joseph Liechty, Celia Clegg. Moving Beyond Secrarianism[M]. Dublin: Columba Press, 2001.

是由双方共同参与讨论得出的冲突解决方法。对方并未怀有和解期望之时,这些示好信号将会达到很好的和解效果,但发出者需要为此付出很大代价。实践证明,如果中国和日本想要在解决分歧的这段旅程中走得更远,"发信号"式的道歉十分重要。[1]

---

[1] Willian J. Long, Peter Brecke. War and Reconciliation: Reason and Emotion in Conflict Resolution[M]. Cambridge: MIT Press, 2003.

中日和解的准备

探讨中日和解的原则

中日关系的讨论通常发生在国际关系领域。国家和个人一样，都要考虑自身利益；国家不是孤立的实体，也会和其他国家发生相互作用，我们称这种相互作用力为国际关系。正如社会原则指导着社会中人们的生活，我们也应当制定一些适用于国与国之间的有益于国家的原则。这些原则应该是什么？

所有法治社会中的第一个原则是公正。每个国家都有法律，法律用来规范、制裁违法行为，确保社会稳定和维护人民利益。法律系统应当为全体人民的切身利益主持公道。如今也存在着不公正的法律，但是法律只有以公平正义为出发点，才能被人们认可。同理，如果国际关系中有一些法律框架，如一些条约或贸易协定，这些框架只有以公正为原则，才更易于被人们接受。

从这种观点来看，正义需要政府在国际事务中以正确的方式获得自身财富与安全。反过来，这又意味着政府应当反对任何国家的垄断行为。因此,正如《朱比利宣言》① 中记载的:"非正义集体通过采取反对人民和其他国家的行为而丧失了合法性。"

第二个原则是合作。有效的合作建立在忠诚和信任的基础之上。外交关系和国家间的协作依赖于伙伴间的信任。为了使一个区域内几个国家间的合作更加有效,比如东亚国家间的合作,我们需要建立一种共识性的超国家视角。这不需要大家目标一致,但是需要大家考虑到文化和国家的差异性。日本政治学者高安健将评论道,日本需要"寻找出一种更优的国际秩序","通过建立多样化的伙伴关系,日本在国际事务中的影响力会进一步上升"。②

第三个原则是推动反战和谐力量的增长。修复破裂关系在冲突国家之间显得至关重要,这是中国和日本解决历史遗留问题的关键内容。双方和谐力量的增长将会为两国解决战争遗留问题和探寻一种令双方满意的方案铺平道路。然后,真正的和解才会有可能达成。

现在我们转向一个更为明确的话题:为了中日间的和解,我们可以做些什么?

---

① 该书由 M. Schluter 和 J. Ashcroft 编辑,引自第 260 页。
② 摘自 2013 年 1 月 11 日《朝日新闻》。

中日双方已经做了什么

在过去的七十多年里,为了实现中日邦交正常化,两国已经做了很多努力,实现了贸易、游客的自由流通。在讨论如何解决历史遗留问题前,我们有必要去回顾双方已取得的成果。

我们注意到,两国的一些个人已经为中日间的和解做出了许多杰出贡献。

在中国,很多人都在努力推动改善中日和平关系,尤其是那些曾经在日本学习、工作过的人。我们注意到,南京为和平做出了很多贡献。南京大屠杀遇难同胞纪念馆前馆长朱成山先生,推动形成了一个新的象征着和平而非仇恨的纪念馆。约翰·拉贝纪念馆已经成为一个国际和平与冲突化解交流中心。刘成教授在南京大学开设了和平学课程。当然,还有很多人都在为和平事业添砖加瓦,这里提到的仅仅是其中一小部分。

在日本,中国归还者联络会的成员大胆地向国人揭露日军在中国泯灭人性的暴行,他们为中日和解做出了很大贡献。山根和代在高知县建立了和平博物馆,该馆形象直观地描述了日本侵华战争中的景象,并勇于尝试和新一代年轻人交流。还有像本多胜一这样的记者,毕生研究和记录"三光政策"导致的暴行。有很多日本人通过访问中国或其他在战争中被侵略的国家,来为战争的暴行道歉,他们通过行动而不是言语来表达自己的歉意和补偿。村冈教授就是其中的一位。

为了我们最终的和解目标,中日政府间的合作更是至关重要。1955年,周恩来总理决定对关押在在抚顺战犯管理所的战犯以礼相待,而没有采取报复的态度,此举寓意深远,成为中日间和解的萌芽。1972年中日建交,这是重中之重的大事件。随后,1978年中日又签署了《中日和平友好条约》,日本决定在中国大量投资,以促进中日贸易发展。日本发表过道歉声明,其中最著名的是1995年的村山讲话。中日两国之间重要领导人也曾互访,如中国国家主席曾在1998年和2008年访问日本。

日本还可以做些什么

道 歉

我们提到过,日本已为战争期间的侵略行为向亚洲邻国道歉。当下依然存在的问题是,日本所做的这些是否足够,是否需要向中国表达更多的歉意。

最著名的一次道歉是在 1995 年 8 月 15 日,日本前首相村山富市在太平洋战争结束五十周年纪念日那天发表的正式讲话。他强调,"遵循错误的国策"让日本走向了战争之路,他对日本和其他所有遭受日本错误国策灾难的人民表示哀悼。他承认,日本的殖民统治和侵略,给许多国家特别是亚洲各国人民带来了极大的伤害和痛苦。

这份道歉声明在今天看来仍然十分诚恳,然而这些道歉对被日本侵略的国家来说还远远不够。中国在战争中有 2 000 多万人被杀害,而且大多是普通民众,但是道歉声明中并没有提及。此外，日本历任首相也都没有明确为南京大屠杀道过歉。

日本的一些教科书阐述了日军在南京的大屠杀，也介绍了日军对中国东北的侵占、九一八事变、卢沟桥事变等，这些都是事实。但是日本政府需要为和解做出更多努力，要从官方层面承认在中国和日本发生的诸多事件。近年的一份关于中国战争伤亡的说明报告总结道："众所周知，在中国的八年全面抗日战争期间，日本有近41万人死亡、92万人受伤，尽管没有可靠的统计数据来证明中国的损失，但可能有将近1 000万士兵在战争中阵亡，普通百姓的死亡人数可能是这一数字的两倍……我们必须铭记，在1937年至1945年间中国大部分地区都曾罹难，以至于很难算出精确的遇难总人数。"[1]

如前文所述，为了使道歉更有效，国家必须明确声明所犯过错，并且竭力为此负责，尊重被侵略国家。如果日本能够向中国发表一份声明，承认发动过军事侵略，以及由此造成了南京大屠杀和中国数千万人的牺牲，那么这将会成为中日和解的里程碑。日本政府也须承认和重视中国的"慰安妇"问题。据日本中央大学吉见义明教授的调查显示，迄今仍然有日本右翼作家拒绝承认强征"慰安妇"是日本的军事政策。此外，道歉应该是发自内心的、主动的行为，否则将没有任何意义。

---

[1] Mark Peattie. The Battle for China：Essays on the Military History of the Sino-Japanese War of 1937—1945 [M]. Redwood City：Stanford University Press, 2011：46 - 47.

赔偿问题

1972年，中国放弃了日本的战后赔偿。那时，中国有比从日本获得赔偿金更亟须解决的问题，即与日本建立外交贸易关系。中国为了中日两国人民的友好，放弃对日本的战争赔偿要求。中日两国在1978年签署《中日和平友好条约》，建立了两国的贸易联系，为日本支持中国经济发展打下了基础。日本也为战时受到日本侵略的东亚国家提供了无偿的物资和服务。

然而，个人赔偿问题始终没有得到解决。自20世纪80年代末起，中国人开始向日本大使馆写信要求获得战争伤害赔偿金。中国全国人民代表大会已通过向日本要求个人赔偿金的提议。全国人大认为，中国在1972年放弃向日本要求赔偿金的声明考虑的仅仅是政府的损失，并未顾及个人损失。20世纪90年代，中国战争受害者开始向日本法院提出要求日本政府及一些日本企业支付赔偿金，以弥补在日本侵华期间受到的身体和精神损失。虽然这些中国人得到了部分日本退伍军人团体的支持，但是东京法庭认为中国在1972年已经放弃了战争赔偿。中国人向东京法庭起诉日本政府以期获得法律赔偿的要求，最终还是以失败告终。

但是，仍有两例要求日本企业赔偿的案例取得了成功。

一例是"花冈事件"的幸存者和死难者家属代表986名被强掳到日本的中国劳工向日本讨公道。鹿岛建设公司当年在日本东北部进行一项河流工程项目,这些劳工被迫在此工作。2000年11月,这一诉讼取得成功,受害者和家属获得了鹿岛建设公司的赔偿金。花冈和解是日本企业第一次同意以设立专项基金的方式赔偿外国战争受害者。鹿岛建设公司同意支付5亿日元到这项基金中。

另一例被称为"西松安野和解",针对的是战争期间被强掳到日本广岛安野发电站被迫劳动的中国受害者。此和解包括一份书面道歉和一项用于建立纪念碑和赔偿受害者及家属的基金。

中国政府既没有积极支持民众索要精神赔偿,也没有反对个人在日本通过法律途径争取权利的行为。中国政府一直遵循着1972年《中日联合声明》的内容。

一些西方汉学家认为,在战争中失去亲人的中国家庭,直到今天依然在苦苦期盼着能开辟出一条从法律上获得赔偿的道路。然而,战争结束已七十多年,如果日本政府的想法没有改变,这一要求将很难实现。

除了那些被日本士兵杀害亲人的中国家庭外,中国至少还有两个团体一直在坚持向日本要求正当的战争赔偿。

被迫作为随军性奴隶的中国"慰安妇"就是其中一个群体。日本在1955年建立了一项非官方的"亚洲妇女基金",向在二战中日军占领地区的"慰安妇"支付赔偿金。当时的日本首相村山富市也签署了一份道歉声明。因为这个基金会的性质是非官方的,这项基金并不是由日本国会签署成立的,因此,很多

"慰安妇"拒绝接受此项赔偿，她们仍在为获得官方道歉和赔偿而奔波努力。

香港索偿协会是一个尤为特殊的索赔群体。战争期间，日本军方强迫所有香港民众将港元兑换成日本军票。战争结束后，日本政府又宣布所有的日本军票作废。在当时，对香港民众来说，这是一笔难以想象的损失，而且这笔损失后来从未得到过补偿。香港民众在这一问题上已经耗尽了时间，如今也没有太大兴趣再去索要这份赔偿。

戏剧化行动

在前文，我们提到过威廉·约瑟夫·朗和彼得·布莱克提出的一种被证明很有效的和解模式。这种和解模式由一个国家发出和解信号，这种和解信号不是简单的几句话，而是要能够起到愈合伤口的作用。埃及总统萨达特访问以色列议会和勃兰特在华沙犹太隔离区起义纪念碑前的下跪都是较为著名的和解案例。勃兰特的行为不是一种公开作秀或政治策略，而是为了实现与波兰的漫长和解而做出的真诚举动。勃兰特在被德国党卫军杀害的犹太人纪念碑前下跪，也向波兰民族传递了一个明确的信息——德国人在发自内心地忏悔。在 1989 年的一次演讲中，德国总统理查德·冯·魏茨泽克对勃兰特说："没有道德的权力就像一条死胡同，因为它不值得信任。你已经得到了信任，并且运用了它。"

2015年8月12日，日本前首相鸠山由纪夫在韩国首尔的老监狱前下跪并默默祈祷。1910年至1945年间，曾经有数千名韩国人在日本统治下的老监狱受尽折磨。如果当下的日本首相也能够拥有同样的诚意，能够在南京大屠杀遇难同胞丛葬地纪念碑前为1937年的大屠杀而下跪，那么和解的进程将会大大加快。

天皇以一种独特的方式代表着日本。1945年8月，日本裕仁天皇通过广播向日本人民宣告了日本对外战争的结束。天皇的道歉将会产生重大的影响。一些日本人坚信，明仁天皇应当为其父裕仁天皇领导国家发动战争的行为道歉。天皇也可以采取一些其他的方式来向中国示好，这也将会带来突破性的影响，但是他们绝不能受到第三方力量的建议或干扰。

我们希望能够举办一个特殊的纪念活动，让广岛和南京的受害者聚到一起，缅怀所有的战争遇难者。在世界其他地区已有类似活动，如二战中被轰炸过的德国德累斯顿和英国考文垂的民众曾聚在一起。当双方的受害者能够共同感受彼此的痛苦时，悲伤的力量会更震撼人心。如果日本广岛和中国南京的民众能聚到一起举办类似活动的话，可将日期定在8月6日和12月13日。而其他例如8月9日（长崎原子弹事件）、9月18日（九一八事变）和7月7日（卢沟桥事变）这样的日子也需要被铭记。建立共同缅怀的纪念碑将会成为双方和解的有力象征。冲绳和平基石纪念碑纪念所有在冲绳战役中逝去的人，不论其国家、地位，所有遇难者的名字都被镌刻在石碑上，包括日本、韩国和美国的遇难者。

1978年，靖国神社秘密供奉被同盟国判处绞刑的14名日本甲级战犯，这让很多日本人颇为不满。中国、韩国和其他东亚国家得知此事后，更是格外愤怒。2001年至2006年间，日本首相小泉纯一郎每年参拜靖国神社的行为，严重破坏了中日两国之间的关系。因此，日本人也提出了新的建议，希望采用另一种方法将两国人民团结起来共同纪念战争遇难者，即在日本建立一个新的、非宗教的纪念战争遇难者的场所。如果日本首相能够支持这个建议，那它很有可能会成为解决这桩颇具争议问题的途径之一。这样一个纪念场所没有帝国意识，纪念所有在战争中遇难的人，不仅仅包括日本军人，也包括日本普通民众，更包括那些在战争中遇难的其他国家的人，包括中国人。在8月15日那天，甚至中国代表也能够和日本领导人并肩而立。① 赫尔穆特·施密特很欣赏冲绳的和平公园，公园里纪念着所有曾在那里逝去的人，敌人和朋友，军人和民众，日本人和美国人，所有没有被刻上名字的人，所有战争的受害者。日本战争失亲家庭联合会福冈分会通过了一项决议，呼吁靖国神社取消供奉14名甲级战犯。之前也有类似的请求，但是没有被像战争失亲家庭联合会这样一个强大的超级保守型的代表组织提出。很多人可能没有注意到，自从1978年裕仁天皇停止参拜靖国神社后，他的继任者明仁天皇也没

---

① John Breen. Yasukuni, the War Dead and the Struggle for Japan's Past[M]. Oxford: Oxford University Press, 2007.

有再参拜过。因此，如果这套方案能够实行，它不仅仅会让中国满意，还会愈合日本王室家庭的裂痕。

教　育

和解必须建立在真相的基础之上。黑泽文高和伊恩尼斯主编的《历史与和解》于 2011 年在日本出版，此书考察论证了历史在和解中扮演的重要角色。20 世纪 80 年代日本教科书争议第一次爆发时，日本侵华史就成为一个极具争议性的问题。黑泽教授称，这引起了历史的政治化，成为中日之间和解的一大阻碍。要克服滥用历史，应当秉笔直书，他倡导历史的历史化，认为应该有意识地用历史学家的视角去看历史，试图探寻和解之路。领导人的最低要求应该是能正视冲突的历史，接受事实，并且寻找适当的机会道歉，能让下一代了解历史真相。由于战争记忆是中日之间互相猜忌的主要原因，所以和解的关键还在于历史本身。为了达成和解，双方应该分享历史事实和支撑史实的史料，这样双方才能真诚地面对过去。伊恩尼斯认为，和解必须以证据为基础，即以历史为基础。因此，在增进双方的理解和克服历史误解带来的猜忌问题上，历史学家起着举足轻重的作用。他引用《朝日新闻》前主编船桥洋一的话，根植人心的历史认知才是和解的关键，道歉会让现在的年轻人更加固执和反感；重要的不是道歉，而是"我们为什么必须道歉"这样一个历史认知。

当日本的年轻人初次知晓日军在中国、韩国和东南亚国家的暴行时，觉得简直难以置信。更为悲哀的是，他们并不是从自己的政府、学校和媒体得知这些的。赫尔穆特·施密特2005年在东京的一次演讲中说，在访问日本四十多次后，他感觉中日之间的关系并没有想象的那样友好，这部分是由于媒体和政治宣传，包括学校教科书的影响。日本媒体并没有报道他演讲的关键部分，这似乎也证实了他的担心。1979年在德国转播的美国迷你剧《大屠杀》引起了巨大的反响。这次放映打破了讨论犹太人大屠杀这一禁忌，唤醒了德意志民族关于德国耻辱历史的道德良知。这次媒体上放映的短剧也让学校里的学生了解到他们之前知之甚少的纳粹历史。20世纪70年代末，每年有5 000个学生团体参观达豪集中营旧址，而在1968年却只有471个。但在日本，却从未发生类似的媒体事件，特别是从未统计过在中国、韩国和东南亚国家被屠戮的无辜平民的人数。

由于这个国家主要由同一个精英家族统治，虽然这些人将国家卷入了战争，但可能不会有人愿意站出来反对自己的亲友。日本有很多值得骄傲自豪的东西，所以应当能够吸取20世纪的教训。日本人并非麻木不仁，但是在战争后出生的年轻一代中很多人对历史并不了解。当他们开始了解到1930年至1945年中国的遭遇后，会有深深的负罪感，并希望能去做一些正确的事。对他们来说，承认军国主义的罪恶并不是件丢脸或羞耻的事，唯有直面真相和增进对中国的了解才值得称赞。

德国已经向我们展示了如何将纳粹的历史告诉国民,并从中吸取教训。同样,日本政府也可以纠正错误,让国民知晓有关侵略中国的历史。在记录日本侵华战争期间的事件方面,中日两国的历史学家已取得重要进展。如近些年出版的关于1937年至1945年日本侵华战争军事史的论文集《为中国而战》,其中收录了7位日本历史学家和7位中国历史学家的文章。中日历史学家的合作对客观理解战争的历史至关重要。《跨越国境的历史认识——日中对话的尝试》一书,由11位日本和中国历史学家合著而成,这又是一个中日历史学家合作的典型例子。该书涵盖了从1871年至今中日两国间的各种问题。川岛真教授呼吁一种历史的视角,它比国家视角更全面,既不"支持中国"也不"反对中国",而是"了解中国"。

我们有时会发现,日本领导人特别关注中日问题。尽管中国和日本在20世纪70年代重新恢复了外交关系,但日本领导层一直没能正确面对日本侵华战争的历史遗留问题。他们将历史问题搁置至今,并且一步步恶化。伊恩尼斯引用了平野博士的一个隐喻:"日本伤口上的绷带已经缠了太久,绑上绷带是想要设法保护好伤口,但如果想进一步痊愈的话,伤口需要接触新鲜空气。"

为了明确未来的方向,我们需要深刻反思历史。大江健三郎因其为广岛遇难者的辩护和对和平宪法做出的贡献而闻名于世。这位诺贝尔文学奖获得者认为,福岛核泄漏事件证实了核武器的威力;如果使用核技术促进生产力,那国家将会误入歧途,一味地追求繁荣已经让日本偏离了正道;"日本效仿西方,试图建成一个现代国家,这给日本带来了巨变,同时也带来了灾难"。不单单是追求财富让日本误入歧途,在民族主义和效仿西方思想的刺激下建立起来的民族国家也在驱使着日本去寻求军国主义和帝国扩张的力量。大江健三郎认为,日本人和日本国"已经被其侵略各亚洲国家的历史所玷污了"。他进一步指出,除了广岛遇难者外,我们也应该关注其他受害者的痛苦与哀伤。现代主义、西方主义和消费文化都是他的抨击对象。日本应该从工业化、科技和商业占主导的发展模式中回过头来,重新发现自己更为重要的价值。如此一来,日本将能够不再依赖军事力量,重新尊重中国,将中国的战争受害者视为与自己的国民同等的生命。

民族主义政策注定会引起中日矛盾,日本的未来应当摆脱这种政策,更多地投入到亚洲和世界其他地区国际团体间的和平合作中。

中国还可以做些什么

宽恕精神

当下中国对日本的政策可以从"抚顺奇迹"中获得启迪。现在看来,周恩来当年对战犯以礼相待的做法是明智的。他对日本战犯的宽容态度影响了日本老兵后来的一系列积极举动。他们回到日本后积极从事和平工作,将抚顺的经验和教训传递给下一代。日本老兵的贡献向我们证明,在国家政治中,用尊重取代仇恨会受益无穷。中国归还者联络会的座右铭"前事不忘,后事之师"表达的就是这样一种观点。

统一的关系

孙中山是中国近代伟大的民主革命先行者。1924 年 11 月 28 日,他在东京发表了以下讲话:

> 中日两国紧密相连，不仅在交流方面，在其他方面更是如此。在两国人民间流传着这样的话：中日两国是兄弟之邦，两国同文同种，因此两国必携手相助。①

内村鉴三是一位日本基督教思想家，于 1930 年去世。他拒绝日本西方化，拒绝神化天皇。内村鉴三认真研究了中日两国在自然地理、宗教、文化上的联系。作为一名基督徒，他认为我们应当爱自己的邻居，同样国家也应当爱自己的邻邦，他相信这是上帝的旨意。

内村鉴三认为，中国和日本应该建立能够团结两国而不是分裂两国的联系。如果我们以此为目标，也许大家就不会将战争时期看作是中日两国从常态的亲密关系走向破坏关系的转折点，而是将其看作是由军国主义带来的短暂分离。1972 年《中日联合声明》证实了这一理解。声明强调："中日两国是一衣带水的邻邦，有着悠久的传统友好的历史。"现在看来，这种关系并不仅仅是商业上的贸易伙伴联系，更是深植于共同的文化、民族和历史的一种亲密关系。1972 年中日之间的合作并不仅仅是为了中国的利益，这种合作的需求也源自中国自身的历史和身份认同。

---

① 此段为作者从孙先生多次讲话中提炼综合而成，非讲话原文。——译者注

建立伙伴关系

赫尔穆特·施密特 2005 年在东京的一次演讲中说，德国欠法国一声"谢谢"，因为法国在 1945 年之后对德国伸出了援助之手———一双自 1918 年因战争而缺位的友谊之手。结果，两个国家成为欧盟的核心伙伴，将欧洲从喧嚣的战场转向和平伙伴关系的舞台。最令人感到惊奇的是，在欧盟的所有重要决定中，只要德国和法国达成了一致意见，那这个决定就确定下来了。这种昔日敌人间的团结应当成为中国和日本在 21 世纪学习的榜样。如果中国和日本能够赢得彼此的信任，两国将不仅仅在贸易上合作，更在区域和国际政治上合作，那么实现中日两国真正的伙伴关系指日可待。这种伙伴关系不是效仿欧盟的模式，而是形成独具特色的模式和结构。

畅想未来，我们可以预见，中国将成为全球的一支超级力量。国际因素将决定中国与世界其他国家之间的关系。中日和解不仅仅依赖于战争遗留问题的解决，还取决于世界主要大国间友好的国际关系结构。中国正致力于推动建设和谐社会，不仅仅是在国内建设和谐社会，更是在国际舞台上构建和平外交新格局。中国在与全球国家的合作中对这一目标的寻求有助于形成中日之间的良好关系。和平的国际合作将会成为防止中日之间在亚洲和太平洋地区形成敌对联盟互相抗衡的最好保证。

通过非暴力寻求安全

在过去近两个世纪里,外国军队曾经肆无忌惮地入侵中国、破坏中国的建筑物等,却没有因此受到任何惩罚。如今中国已经拥有了核武器和足够强大的军队,中国政府已经下定决心再也不要重蹈过去两个世纪的耻辱之路,推动建设海洋强国,提升海军力量,维护国家海洋权益。当然,中国的安全更大程度上不是依靠武器的数量来保证的,而是依靠中国倡导的睦邻友好关系。正如约翰·保罗·莱德里奇[①]所言:"和平的奥秘在于和最担忧的国家建立友好关系。"中国不害怕越南和菲律宾,但可能会警惕日本恢复军国主义并利用科技优势来伤害中国。

中国与日本在1972年达成合作共识,双方在《中日联合声明》中共同确认:"(两国)在相互关系中,用和平手段解决一切争端,而不诉诸武力和武力威胁。"如今在钓鱼岛争端问题上,这一承诺正在接受考验。《中日联合声明》的重要性之一在于不使用武力解决争端。中国可以通过避免采取威胁性举动和言语为该区域的和平做出重要贡献。中国也可以采取一些实际举措来缓解当下的紧张局势,例如与日本及该区域内的其他国家就发生沉船或坠机等突发事件时如何应对以避免战争爆发的问题达成一致

---

① 美国圣母大学国际和平研究所教授,著名和平学家。——译者注

意见。众所周知，再小的事件都能触发战争。2014年11月，中日两国进行官方会晤。2015年1月和3月，双方再次会面，商讨建立海事交流热线，防止任何突发事件升级为外部冲突。和平通过非正式外交而不是签署官方宣言得到了推动。这需要双方给予彼此一定程度的信任，而如今两国间的信任正经受着严峻考验。

联合行动

比中日两国各自采取行动改善双方关系更为重要的是，两国可以共同做些什么？

存在冲突的国家往往通过讲述自己美好或苦难的故事来回顾历史。这些故事尤为典型地描述了自己的美好和敌人的罪恶。国家以这种方式重述历史，来证明冲突发生时自己这一方所持立场的正当性。在个人纠纷中，双方通过自己所讲的故事都觉得自己是无辜的一方。在中国和日本的冲突中，双方都从现在透视过去，都通过自己的叙述视角来判定自我的正当性。

冲突国家形成自己叙事的这一过程，被称为"神话制造"。何忆南在《寻求和解：二战以来的中日关系与德波关系》一书中写道，国家神话制造是导致中日之间长期分歧的重要原因。国家神话是篡改历史的产物，会导致一种歪曲的历史观。有害的国家神话往往会有自我夸耀和自我洗白或者诋毁其他国家的倾向。这些对国家历史具有象征意义的描述，通常会用来评判外国政策或提出国内政治议程。国家神话利用爱国热情来激起民众的国家自豪感，而对其他国家充满敌意。所以，邻邦之间通常会以爱国的名义演绎出大相径庭的历史描述。在曾发生过战争的国家就产生了不一样的历史，尤其是战争史。

这也就不难解释为什么历史问题一直以来都是中日之间分歧的重要根源。一方面，中国作为日本侵华战争的受害者，在战争中备受伤害，从过去巨大的痛苦中感到十分委屈。因此，这就导致了反日情绪和要求日本道歉赔偿的声音。如果日本不正视历史、不向中国道歉，那么中国就会以此谴责日本。另一方面，侵华战争中的施暴者日本，认为自己在过去的七十多年里，已在很多场合向中国道歉并给予了援助；认为中国总以强调历史问题来谴责日本，因此感到不满，并以肯定日本民族自豪感和国家历史成就作为回应。

20 世纪 80 年代，中国民间开始表达关于战争的记忆。1982 年日本教科书争议开始时，不仅是中国政府抗议，中国民众也公开对日本扭曲历史的行为表示愤怒。1985 年 8 月 15 日，日本首相中曾根康弘正式参拜靖国神社，他是首位在战争结束周年纪念日以日本政府首脑身份参拜靖国神社的首相。此举在中国引起强烈抗议。我们可以从 1987 年《南京大屠杀》的出版看出，中国在战争记忆上对日本的态度发生了转变。这本书在出版后的一个月内售出 15 万册。

在日本方面，和解的前进步伐也屡屡受挫。日本的自由知识分子虽然一直在奔走行动,努力让国人正确认识日本侵略邻国的事实,但保守的当权派却不断打击承认日本应当为战争暴行负责的行为,他们摒弃了各种正式与中国共同直面历史和以和平视角对待二战问题的机会。中日之间的分歧根深蒂固,尤其是日本侵华战争的遗留问题一直未能得以妥善解决,它依然影响着我们今天的生活。

中日两国可以共同参与历史研究。这项官方授权的研究项目始于 2006 年,但近些年并无明显进展。然而,在日本教科书问题引起的冲突下,我们已经看到了两国在这方面的进展,即中日两国历史学家已经开展了合作研究。同时,我们也发现,联合历史研究面临着以下一些尴尬难题:第一,事实的查证并非易事,有些事实可能永远也无法知晓。比如,1937 年南京大屠杀遇难者的精确人数。第二,事实需要诠释。不同的历史学家持有不同的价值观和立场,他们会从自己的价值观和立场出发来阐释史料。第三,对曾经发生过战争、互相抗衡过的两个国家来说,很难就战争问题达成共识。尽管如此,我们的努力依然可以有结果,比如存在巨大分歧的波兰人和德国人在二战后就取得了和解。

约翰·温斯雷德和吉罗德·蒙克在《叙事调解》[1] 中写道:"故事是我们经历的主干,人们可以对我们建构起来的故事

---

[1] John Winslade, Gerald Monk. Narrative Mediation[M]. San Francisco: Jossey-Bass, 2000.

选择采取反对和冲突的态度。"叙事调解包括以下几个步骤：调解双方会面，解构满含冲突的故事，建构一个双方都能接受的新故事。其首要目的是要创造一个能够产生尊重对话的合理环境，解构"挖掘冲突滋生的必然性"，双方共同聆听并探索不同的观点。冲突故事应当经过筛选，排除掉不适宜的内容。因此，冲突故事之外的经历是一笔宝贵的财富，有利于打开新的视野，鼓励彼此相互尊重。这个新的叙事将会描绘出一个不同的历史视角和双方未来关系的积极视角。

中日冲突中的叙事调解需要双方都能认真倾听彼此的观点。聆听是南非真相与和解委员会中的核心环节。那些表达过观点的受害者也能在公众面前讲述自己的经历，大家会聆听他们的声音、他们的故事。压迫者没有被判罪或者囚禁，而受害者的遭遇被记录下来，让大家能够了解。

在第二次世界大战中，战争结束时中日双方都是受害者。

日本给中国、韩国和东南亚人民带来了巨大的痛苦。但是，日本最终也因自己的军事政策而遭受灾难：士兵被歼灭，城市被炸毁。实在书中记录了日本战后的悲惨状况，淑子一生都生活在原子弹蘑菇云的阴影之下。日本人永远不会忘记被原子弹炸毁的广岛、长崎的受害者，参观广岛纪念馆的人络绎不绝，日本全国各地的儿童也在学校的组织下前往参观。

在中国，更是有无数人难以忘记20世纪30年代被日本侵略的耻辱。为了让人们铭记1937年12月的南京大屠杀，中国修建了侵华日军南京大屠杀遇难同胞纪念馆,人们来到纪念馆,为逝者哀悼。

受害者的故事是爱国叙事的一部分,两国都希望保存这段故事。为了形成一种新的叙事,两国的受害者需要让对方听到自己的声音,同时也需要感受另一国土地上的苦难。

如果中国和日本能够互访彼此的苦难之地,那叙事调解将会有实现的可能。如果广岛幸存者能够去南京,在那里讲述他们的故事,同时,南京大屠杀遇难者的家人能够去广岛,那么一个新的运动将会诞生。双方需要互相访问,讲述自己的经历,聆听彼此。那时双方可能会发现,战争才是大家共同的敌人,大家都是受害者。除此之外,双方可能还会发现,曾经的敌人已经变成了朋友。

当然,以上只是和解的跳跃进展,略过了叙事调解的主题。双方会面仅仅是调解的第一步,下一步是观察,在倾听彼此观点之后会发生什么。如果一位因 1937 年南京大屠杀而对日本人怀有仇恨的南京人,前往广岛倾听了原子弹爆炸幸存者的故事,他的想法会发生怎样的变化?这很大程度上将取决于广岛又是如何倾听他的故事的。我在 2007 年倾听过一位幸存者的故事,他在 1945 年时还是个小男孩。那天早晨,他所在学校的班级被安排到郊外收割庄稼,因此他活了下来。他不是士兵,却要承受失去家园、失去亲友的噩运。来自南京的参观者可能会遇见这个男孩,他如今已是一位耄耋老人,南京人可能会发现自己和这个男孩很像，都是残酷战争的受害者。如果广岛人专程去南京聆听受害者家属讲述 1937 年其家人被屠杀的故事，那又将会发生什么？

为了让南京和广岛的民众看待对方的角度发生真正意义上的改变，更为了中日关系的改善，南京和广岛这两座城市间需要有更多的交流互访。交流互访将会是改善中日关系的第一步。南非真相与和解委员会向我们展示了这种交流对话有利于避免暴力和仇恨，尽管这一对话尚未完成，但它将敌人聚到一起，打开了通往未来的新道路。

一些变化开始发生了：光芒开始洒向我们共同经历过的痛苦。中国和日本经历过 1937 年至 1945 年那段历史的大多数人已不在人世，但是国民记住了那段刻骨铭心的历史，尤其是那些形成或改变历史的重大事件。像发生在 1937 年南京和 1945 年广岛那样的痛苦事件，通过不断重复，已成为国家的"选择性伤痛"。当双方可以坐在一起并能分享彼此伤痛的历史之时，双方就可以从不同的角度看到未来的希望。

两位作者的和平对话

在本书的开头,我们讲述了我们俩的故事,如我们第一次在印度见面以及多年后在英国和日本重逢;回忆了我们的追求真理之旅。在这些个人回忆中,我们试图把从自身经历中领悟到的一些东西与大家分享。正如实所说,我们收获了一份纯洁的礼物和一份惊喜。

在回顾了自己的经历后,我们又分析了中国、日本以及其他国家在和解进程中获得的成就和仍未完成的任务。

在阔别四十年后的2005年,我们在剑桥再次见面,商讨有关中日和解的重要问题,并希望在本书中得出我们自己的结论。在这一部分,我们将讨论一些我们都认为在探寻和解过程中比较重要的问题。

从神圣现实中觉醒

为什么从神圣现实中觉醒是和解的关键?

巴兹尔:你是如何理解"神圣现实"的?
实:对我而言,它是一种礼物,意想不到的礼物。

我向你讲过我去美国之前的状况。在回日本的途中,我认识了一对老夫妇。他们是基督徒及和平主义者,因被控诉对天皇不忠而在战争中遭受了迫害。他们当时在我住的地方照看寄宿学生。我有幸能认识他们,在每天工作之余,和他们一起讨论,一起祈祷。在他们的建议下,我参观了国际基督教大学。这所大学就像专门为了回应广岛、长崎受害者的苦难和祈祷而建立,这对我而言真是一种意料之外的幸运。学校的讲师友好而富有奉献精神,为学生们提供心灵指导。从那以后,我心中点燃了一份责任,燃起为和平而战斗的强烈愿望,和平是使我摆脱当下处境的唯一途径。

后来,我带着爱与正义的强烈信念,也是基督徒的信仰,前往美国。我到了美国之后,却常常因种族事件,尤其是发生在美国黑人和白人之间的种族冲突而感到惴惴不安。1959年,马丁·路德·金来学校的礼堂演讲。平时礼堂里的人很少,但在那天,礼堂里座无虚席,挤满了前来听讲的学生,有的学生甚至只能站着听,我也是其中一员。幸运的是,我就站在布道坛前方,因此能看到马丁·路德·金。听了他的演讲,我深感震撼和鼓舞,后来他的精神与思想也一直激励着我前行。我通过回顾与思考他的演讲,撰写了一篇关于种族隔离的小论文。

马丁·路德·金演讲的内容和我当时所理解的基督教完全不同。尽管我的信念很坚定,心中的火把仍在燃烧,也仍在为一种未来的完美而奋斗,但是在听了马丁·路德·金的演讲后,我感觉我的奋斗应该是为了当下,为了此时此地的现实,而不是未来。他这样讲道:

> 请觉醒吧!从这神圣现实中觉醒,我们是上帝大家庭里的兄弟姐妹,所以让我们觉醒吧,去接收来自上帝的礼物,让我们像上帝大家庭里的兄弟姐妹一样共同生活和前行!让我们从历史上种族隔离的烙印中,从各种人为的桎梏中解放出来,获得自由!所以,自由吧,让我们从现在起自由吧!

我感到这不是为了未来,而是为了我们当下正在经历的神圣现实，在此时此地获得解放。这真真切切地激励和触动了我，对我来说这是一场革命性的演讲，我在此时此地被从神圣现实中唤醒。在听马丁·路德·金的演讲之前，我在基督教文化语境方面的教育仍很欠缺，那时候我依然很难去设想一种未来的完美，即使是从宗教角度。毫无疑问，民族主义、资本主义和马克思主义都崇尚未来的完美，在宗教上也可以达成未来的完美。然而，马丁·路德·金所说的完全不同，那对我来说简直是一种颠覆性的见解。所以，我在此时此地回到了现实，用现实代替未来的完美。这是我们当下所面临的任务，也是我对他的演讲的反思。

后来，我在和朋友斯坦聊天的过程中发现，他深受甘地影响，一直被甘地的精神与思想激励着前进。但甘地一是位印度教徒。对我来说，马丁·路德·金是一位伟大的基督徒，我为他身上的爱与正义而震撼，从日本来到这里的我深受其鼓舞。他完全摆脱了痛苦和仇恨。

痛苦和憎恶，有时候还有仇恨心理，是一种自然的反应。但那时，在马丁·路德·金的演讲中，他没有丝毫的憎恶之心。他说：

> 觉醒吧！让我们生活在上帝的指导下，不仅仅是上帝的指导，更应该是上帝的鼓舞，去像上帝一样。你必须什么都不是，你是零。

我必须承认，当时的我激动得不知所措。是的，我是一名基督徒,一腔热血,但马丁·路德·金所讲的这些对我来说是崭新的、革命性的思想。他只是作为个人在演讲,虽然他拥有神学博士学位,但他的思想并非来源于课本,而是源于他所生活的现实,所以他的祷告是感激、疑惑和惊奇之后的自然流露。确实如此!我很少能听到这样的演讲,它在某种意义上对我来说是完全崭新的和革命性的内容。

然后又发生了另外一件事:我的那位深受甘地和甘地所信仰的印度教影响的朋友斯坦提出,一定会有一种足够强大且深刻、能够超越种族边界和宗教的东西存在,一定会存在这样一种现实,但由于我们当下历史经验的局限性,还不能完全体会到它们。

所以,我们前往印度,一起度过了近两年的时光。我们为在印度北部的游历震撼。在印度要想活下来,至少得有两个人,一个人旅行是不可能的!斯坦是完全正确的:他需要我!我们有两次都睡在火车站的月台上,还是分别在不同的火车站。我们看到人们疲惫地醒来,浑身酸痛,身上脏兮兮的,但是他们的笑容深深打动了我们。斯坦尤为关注这个世界上的穷苦人,他认为这是个很重要的问题。因此,两年后他决定研究文化社会学。

我们想去拜访维诺巴·巴伟,人们说他是一位真正的圣雄甘地信徒。但他一直四处奔波,我们只得乘火车和汽车去见他,然后再徒步去旅行。最终我们到达了那里,并见到了维诺巴·巴伟,和他交谈。我们都希望第二天能随他一同前往其他地方,但我们的身体太虚弱以致不能继续前行，所以放弃了这个想法。不过，至少我们见到了甘地的信徒。

最后，我们到达了穆雷罗杰的修行所，并在那里住了下来。清晨和晚间的默祷最能打动我们，这种静默对我们来说具有很特殊的意义。我们已经疲惫不堪，但我们在那份静默和疲倦中等待着，便会感受到上帝的存在。那里的静谧是如此重要。

后来我认识了几位贝拿勒斯印度教大学的学生，他们一定是上帝送给我的礼物。其中一名学生是尼兰康达·希勒玛塔，是个很特别的人，同时他也是我的同学。我觉得他是那种见证过沙特奇阿南达（印度教所称的 Satchitananda，即耶稣所说上帝的王国，亦指真理、意识和神佑）和卡鲁那（Karuna，指慈悲与爱）的人。因此，在结识他的过程中，我能体会到印度教中包含的那种充满活力的精神。

巴兹尔：这种经历的确令人受益匪浅。我的下一个问题是关于你从现实中觉醒，或者说在美国通过马丁·路德·金发现了现实。你提到，马丁·路德·金说，现实不是某种未来的完美，而是一种此时此刻发生的东西。它听起来像是一种不同的神学，神学可能不是最恰当的词，但它是一种对历史、对我们当下不同的理解。但之后你谈到现实的经历、默祷和感受到上帝的存在，这又提出了另一个问题：现实是对上帝的存在的理解吗？还是其他的什么？从现实中觉醒，是意识到上帝的存在还是理解上帝的存在？

实：理解上帝存在的现实，上帝和我们一同工作、一同生活，指导着我们。这是完完全全的礼物，非人类的。那是神圣的礼物。

巴兹尔：按我的理解，马丁·路德·金和甘地就是上帝给我们的礼物。

实：我认为，从20世纪20年代初开始，美国的黑人就深受甘地的鼓舞，因为甘地当时也正面临着一个强大的殖民政府。那时，大英帝国是世界上最强大的帝国，甘地领导印度人民以非暴力方式强烈抗议英国，抵御侵略。这促使美国的黑人去思考：印度人民是如何做到的？尽管非暴力抵抗在美国困难重重，但他们依然深受鼓舞。在美国通过政治上非暴力抵抗来达成某个目标是很难实现的，或者说在美国比在印度要艰难很多。在美国，伴随着消极抵抗而来的往往是暴力。在20世纪30年代，美国黑人有一种想要探索更大世界的精神向往。1936年，四位美国黑人基督徒前往印度拜访甘地。其中一个人中途生病了，因此最后只有三个人见到了甘地。他们与甘地度过了一段激励人心的难忘时光，这是一段相互启迪的经历，甘地也被这些美国黑人所感染。他们生活在黑人灵歌的现实中。他们被夺走了一切，连精神信仰也被剥夺，但是他们依然歌颂上帝。这意味着有些东西是无法被剥夺的。

巴兹尔：也许这就是你提到的马丁·路德·金所说的，你必须变成零，因为当你变成零的时候，上帝就会来到你的身边，你就获得了自由。而另一方面，当你在上帝面前的时候，你就不再是零了，因为你已被上帝解放。但你说你需要变成零，去感受上帝的存在。所以，这里存在某种关联。

实：他们开始从精神层面上去理解甘地的立场。

巴兹尔：当你去印度的时候，你也会变成零。

实：是的，在很多方面！那是个可怕的地方。我总共去过印度七次，每次都会比上一次感到更舒适。但第一次去印度的时候，恰恰就是那种变成零的体验。那次经历真的改变了我。所以，再次被邀请去印度的时候，我就在想，可能我再也回不了日本了。那真是一段不愉快的经历。

巴兹尔：这种变成零的观点十分重要。

实：这是我1967年在美国去哈佛时所发现的。罗伯特·尼利·贝拉教授给我留下了很深的印象，他在反对越战的运动中备尝艰辛。女儿的自杀是压垮他的最后一根稻草。贝拉教授试图表达自己非暴力的立场，女儿的同学们却认为她父亲出卖了大家，于是贝拉教授成了众矢之的。攻击父亲的电话总是接连不断地打来，但是她知道父亲并没有背叛大家。最后，她再也无法忍受那些攻击。女儿去世后，贝拉教授有长达六个月的时间都没有在公共场合讲过话。但六个月后，他在一次教会的会议上发言了。他发言的主题是"对美国现实的反思"，他将自己的观点描述为由失去而引发的信仰或者"对失去的信仰"。

巴兹尔：另一个问题是，你说过这种变成零的理解，让你远离了痛苦和仇恨。这是如何发生的？这对我们很重要。我们如何摆脱痛苦和仇恨？痛苦和仇恨何时会离开？我们该做些什么？这是否也意味着我们要将自己降到零，还是生成一种新的理解？

实：基本上，我认为新的精神现实需要我们对上帝无比虔诚。1963年，大量的人来到华盛顿聆听马丁·路德·金的演讲。他发表了著名的具有纪念性意义的演讲《我有一个梦想》。他十分清晰地阐述了这一观点。

巴兹尔：但我认为，我们需要去理解的或者说需要帮助他人去理解的，是如何以及为何它能够消除痛苦，为何上帝的存在能够消除一生的痛苦。

实：我认为马丁·路德·金对上帝很虔诚，所以在某种意义上他就像上帝一样。在上帝那里，有摆脱痛苦的绝对自由。仇恨的情绪在人类世界如此常见。有这种仇恨情绪的人注定会做出攻击行为来反击作恶者。但是在上帝面前，就没有这种必然的束缚，因为那里没有发生这种争斗的条件。

巴兹尔：然后我们就获得了自由，不用再忍受这痛苦的命运。

实：是的。这也就是为什么马丁·路德·金会说"我有一个梦想"。当自由的钟声响起，我们自由了。在每座山川每条河流每个村庄，我们都自由了。感谢上帝，自由了，自由了，我们终于自由了！

巴兹尔：因为你是自由的，所以在一个国家里没有总统、没有政党可以左右你。

实：对的。这里包括了所有人，不仅仅是天主教徒和新教徒、黑人和白人，而是所有的人，所有人类。人类是个逐渐愈合的大家庭。

巴兹尔：我们稍后再讨论人类是个逐渐愈合的大家庭这一观点，因为通常我们并没有生活在那样一个环境里。尽管马丁·路德·金或者觉醒者甘地能够意识到我们是自由的，但大多数人并不能意识到自己是自由的。

实：即使是甘地，也在其20世纪20年代的自传前言里写道："我一直在苦苦寻找、探寻上帝和真理，但是至今我也没见过他！我曾经有过一瞥，正是那一瞥改变了我的生活，让我愿意去拿生命冒险。我的一切都是拜上帝的仁慈所赐。甚至我呼吸的空气也是上帝赐予的礼物。

巴兹尔：因此，这种觉醒超越了边界。它摆脱了界限以及种族、宗教、民族、国家、地理和所有一切的限制。

实：让我们向前看，继续活下去，从束缚中解放出来。

巴兹尔：你是说，你在美国意识到现实就是在当下，而不是在未来，这是个解放性的发现。

实：现实就是此时此刻。既弥漫着极度的乐观主义，但与此同时又有着"乐观的悲观主义"，因为当今世界比以往更加黑暗，民族主义和各种各样的"主义"让人变得更加顽固。

巴兹尔：虽然这个世界并不自由，但甘地和马丁·路德·金生活在当下的现实里，他们知道现实不是未来，而是上帝馈赠的一份需要此时此刻立即享用的礼物。

实：南非也有这样的例子，德斯蒙德·图图教导自己国家的黑人和白人要像兄弟姐妹一样互相拥抱。我们是兄弟姐妹！

巴兹尔：所以在你的经历中，我们如何才能觉醒或者说接纳这一现实呢？是通过默祷，还是其他方式？

实：在最意想不到的瞬间，上帝的礼物会悄然而至。说到南非问题，它是个政治事件，但是一种新的现实也将会产生新的事物，比如黑人和白人兄弟。白人兄弟十分开心能从种族隔离的束缚中解脱出来。至于图图本人，在他的个人经历中，他深刻意识到了人类大家庭这一现实。

巴兹尔：所以，这与和解紧密相连，因为这不仅仅是一种摆脱痛苦的经历，还有很多其他的内涵。

实：痛苦本身也是奴役的一种标志。

巴兹尔：你说得很对。一旦痛苦被打破，你将会发现更多的东西，那是一个逐渐愈合的大家庭。不仅仅是痛苦离开了，而且你还会发现和解也已来到身边。

实：远不止这些，和解就是现实本身。所以，我们经历的并不仅仅是共存。共存是人为的图景，但上帝的创造性共存是一个崭新的现实。自然而然，我们会懂得感激，然后进行祷告。

巴兹尔：很快我们将回到创造性的部分，但那是上帝的礼物，不是你可以创造、得到或给予其他人的东西。

实：没错！比如，对我来说，这次来到英国并不是对过去的重复，而是在寻找一种完全未知的东西。仅仅能和你见面就令我很惊讶了，因为这里有某种神圣现实存在。所以，自然而然地，我就会祷告。

巴兹尔：因此，凡事皆有可能，我们无法预料它！我认为这和其他事物截然不同。我们变成了零，但我们不能控制它。所以，它完完全全是份礼物。

实：对，你说得特别对！

巴兹尔：让我们回到你所说的"创造性共存"这里，我不太理解这一短语。我知道其他人是指什么，但应该不是你所讲的意思。它听上去不太像你通常表达事物的方式。共存是政治家们想让我们去达到的一种状态，但你强调的是其中创造性的部分，是这样吗？

实：是创造性的部分，不是重复过去。

巴兹尔：我明白了。它也是由我们在这个世界创造的，由全人类、任何一个想让世界变得更好的人创造的。我们希望能够富有创造性，但我们并不具备这样的能力。

实：我觉得真正的艺术家在创作素描画、油画、文学作品等时，如果由精神引导做一些有创新而非提前设计好的创作，是可能具有创造性的。

巴兹尔：这样说来，它是天赋，因为它无法被预先设计。这适用于很多事情。

实：它适用于所有事情。这便是独特的个体之美。每个个体都与其他个体完全不同。但是其基础是相同的：统一基础之上的绝对多样性。

巴兹尔： 这一根基或者基础是什么？

实： 基础是上帝的真理，由上帝所创造。这便是生活。

巴兹尔： 你在美国听马丁·路德·金的演讲可以说是一个开始。

实： 但是有人指引我一步一步前行。当我从上海回国时，我失去了一些东西。在乘火车到达日本时，又看到那里的城市被摧毁。广岛真的很不幸。到达东京后，我发现那里有很多无家可归的孩子，城市完全被摧毁了。那真是令人惊悚，在当时看不到任何希望。

巴兹尔： 那真是令人恐慌。不过我们还是要感谢，我们终于通过不同的方式回到了零的状态。

实： 那是一段终生难忘的经历！

巴兹尔： 是的。但当你回顾这些经历的时候，会发现我们已经回到了零，也得到了上帝的保佑。

实： 完全的自由。

巴兹尔： 完全的。当我回顾在集中营的那段经历时，我感到很惊讶，当我回顾得越多，就越对那三年充满感激。虽然我并不希望发生这样的事，但是如果没有这些经历，对我来说也是一种损失，因为我在那段时间里收获了很多东西。

实： 读到你在集中营中的那段经历，也就是你现在所描述的这件事，我很震撼。尽管我对那段事实了解得并不多，但它真的是太令人震惊了。

巴兹尔：这就像你回到祖国日本，期望着人们能够充满希望。事实上，情况是非常糟糕的。但除了这些糟糕的部分外，还是会有一些新的东西诞生，它们来自上帝。

实：完全崭新，又完全真实。

巴兹尔：这也就是为什么我们能够在穷人中比在富人中更容易看到真实。这就是耶稣所说的，上帝保佑穷人。

实：现代社会已经完全看不到上帝的现实了。非现实反倒成了现实。但有些人能够在上帝的指引下一步步探索未知，能够直面上帝的保佑。然后，自然而然地，会有感恩，会有欢乐，会有祷告。让我们自由吧，像家人一样共同快乐地生活！

巴兹尔：还有最后一个观点。我想说话，零来自于黑暗，我们害怕的黑暗。刚刚你也讲到这一点。如果你意识不到黑暗，可能也就意识不到光明。如果你觉得万事都好，可能也就见不到光明。除非你见到过黑暗，否则你不会觉得觉醒。你对此有何解释？

实：那些关怀民生疾苦的人往往更加充实快乐。有些人处在黑暗混沌中而不知，反而很快乐；有些人身处优越的生活环境，拥有良好的地位，但心灵一片灰暗。关键在于，生活在那种环境中的人并不能认清现实，因为他们的地位、财富和舒适生活对他们来说就是现实。他们变得麻木，他们也是社会最底层人民历经苦痛磨难的最重要的原因。

高森草庵的重要性

高森草庵是坐落在日本长野县富士见町附近山上的一个宗教团体。我们用印度名词 Ashram（修行所）来称呼它。

实：战后日本人一直在寻找希望，寻找能够象征希望的事物。在这样的背景下，押田神父决定成为一名天主教徒，成为道明会的一员。唯有希望才能够带领日本寻找到真理，这是他心中最坚定的信念。那时他的身体并不是太好，他在修行所附近的医院住院。医院里有一些像他一样的病人，大多数都是肺结核患者。最开始，他和病友们一起学习和讨论《圣经》。后来，因为有太多人要加入他们的讨论，押田神父发现他们不能再待在医院里面了。但在那些日子里，他们无家可归。因此，押田神父觉得必须有个能让大家共同生活的地方。他与病人们商量后，修建了一个团队之家，让大家都能住进来。

这就是高森草庵的起源和它发展的第一阶段。大家可以在这里分享在日本当时环境下遇到的种种困难。后来，局势发生了变化，有些问题已经不复存在，但是，押田神父依然觉得他们需要一个地方来聆听上帝的声音。因此，他建立了一个独立于道明会的团体。这些修道士们终于有了可以共同生活的地方，但他觉得这种生活方式与日本残酷的现实有点脱节。

在那之后，他感受到了来自上帝的召唤，他要和那些生活在日本毫无希望的混沌环境下却仍想要寻找前进道路的人见面。很多年轻人开始来到这个团体，尤其是年轻的大学生。他们也一直在寻找未来希望的路上备受折磨。要找到希望，就必须理解希望背后的真正原因。他们坚信，希望来自对上帝的真正理解。一个团体共同寻找真理、回应真理，前进的方向也就变得明晰起来。

后来，又出现了全国性的大学生运动，抗议政府对大学自治权的干涉。学术社团必须有探求真相的自由，不能被政府干涉，否则日本将会重蹈覆辙。奇妙的是，高森草庵成了学生们集会的场所。他们在这里找到了真正的自我认知，这对于当时日本混乱的环境具有十分重要的意义。学生们强烈感受到，日本绝对不能再重复过去的道路，必须找到新的方向与希望。在那个环境下，所有遭受苦难的人都持有同一个坚定的信念：和平是日本复兴的唯一出路。

在日本，学生们变得日益迷茫，他们不知道要做什么。起初，他们都有十分理想化的构想，但之后他们变得日益政治化。学生运动代表的是官方立场，除非你反对这场运动，否则你只能参与其中。1967 年至 1968 年，我从美国返回日本的那段时期，国际基督教大学也毫不例外地被学生占领了，学校的课也停了。

草庵（意为茅草屋、修行所）出乎意外地吸引了大量的学生，尤其是全日本最好的大学——东京大学的学生。他们一起讨论和对话。他们还开始种水稻，自给自足，追求真理。在团体的一切事务中，最中心的问题是去探索"你是谁""我是谁"。押田神父日益坚信，在当时日本严峻的形势下，寻求上帝是非常必要的。

于是，这一团体在那些想要寻找生命意义的学生中逐渐流传开来。显然，有些人真的受到了启发，找到了上帝，实现了自我认知，并且知道了如何去应对当下纷乱的现实环境。他们都觉得，警察干预是最有害的行为，必须不惜任何代价消除警察干预。

押田神父的修行所发挥着独特的作用。通过这个修行所，一些学生信仰了基督教，并在这条道路上不断探索，在追求真理的道路上更加坚定，和这个自给自足的团体一起，开荒垦地。通过这种方式，他们学到了知识以外的很多东西。学哲学的宫本即是其中之一，在与押田神父对话的过程中，他真的顿悟了。现在他是日本道明会的最高领导，他全力支持修行所的工作。还有一些像他一样来自各行各业的人，也在支持着修行所的发展。这是继最初为无家可归的病人提供住所后，修行所发展的第二阶段。

草庵发展的第三阶段，它必须面对现代化发展对自然的破坏，尤其是对水资源的破坏。水资源作为农民耕种的生命线，一直至关重要。当地村落里有些有权势的老板被经济利益吸引，准备卖掉山上泉水的使用权。这个计划已经到了最后阶段，村委会公开了这份提议，他们势力庞大，控制了整个村子，虽然村民们心里知道这是不合理的，但是没有人敢站出来反对，除了押田神父，只有他一个人站出来反对。押田神父站出来后，村民们也迫于压力站出来反对，使得计划暂缓。

与此同时，一直保持沉默的村民们也开始来找押田神父，他们说："你的立场是对的，这也是我们的立场。"他们同意再开一次村民会议。村民们在这次会议上表达了对这项计划的反对，但是村委会与开发商已经签订了合同，当时处境两难，村民们只得去法庭上辩论。最终法院判决不应将泉水用于工业，终止了该计划。于是，村民们的权益受到了保护。

1981年，押田神父在与我们的讨论中深刻感受到，他需要认识更多来自世界各地为了公平正义、出于不同宗教信仰启迪、为社会最底层人民工作的人。1981年，35名来自世界各地的人，在一起参加了为期一周的会议，我们称它为"九月会议"。他们当中有佛教徒，有穆斯林，也有印第安人。在会上，我们讨论了有关自然和环境破坏的问题。会议刚开始时，就出现了令人欣喜的事情，村民们已经能够站出来反对村庄领导者，要求其终止合同。这是件令人开心的事，但村民们在保护环境这一问题上的立场仍然不够坚定。

1981 年的"九月会议",高森草庵

参会者来自世界各地,他们渴望去学习和分享,因为我们或多或少都面临着开发过程中的类似问题。会议结束后,又有新的势力想要获得泉水的使用权,因此我们不得不再斗争十年。草庵也必须面对现代化对山区环境的破坏,这是一段非常艰难的时期。草庵在法庭打这场正义之战时,没有任何的经济支援。甚至是召开"九月会议"时,他们也仍缺乏资金。很多认识到该团体和这次会议重要性的人,包括很多普通人,纷纷为其捐赠礼物并组织募捐。因此,草庵成为这一地区保护环境和抵制自然破坏的中心。

此后，一股新的趋势正在积聚力量。一些人希望日本能成为像其他拥有武装力量的国家一样的正常国家。这就要求日本放弃宪法第九条，也就是放弃和平宪法。这让我们不得不重申和平宪法在战后让日本从废墟中振作起来的重要性。因为过去的痛苦经历，日本人民都渴望和平。但如今，随着日本的经济复兴和繁荣，日本的这种氛围发生了变化。2006年，时任首相安倍晋三想要修改宪法，但该计划在其第一任期内失败了，因此修改和平宪法被证明是完全没有可能的。尽管困难重重，但日本人仍然坚持保留和平宪法。后来，安倍的身体状况每况愈下，不得不辞职，但他又在福岛核泄漏事件后于2012年重新掌权。

于是，草庵发起了一场和平朝圣之旅，它联合其他团体反对核电站和核武器，同时支持和平宪法。这是高森草庵发展的第四阶段。当前局势的关键是，经历过战争的那一代人仅占国民人口总数的不到百分之二十；他们的平均年龄为八九十岁，人数也在迅速减少。我的妻子淑子认为，这些人之前一直缄口不提，是因为说出那段经历并不是件容易的事。而现在，在他们生命的最后阶段，他们终于站出来说"再也不要发生战争"。他们如何才能影响那百分之八十没有经历过战争的人？让我们拭目以待。

为什么说高森草庵是日本的宝藏？因为我看到了他们对现实的祷告和付出。尽管当前面临着糟糕的政治环境和核电站的毁灭性威胁，但他们仍然坚定地支持和平宪法。他们坚决反对给自然和人类带来毁灭威胁的现代化和商业化。

巴兹尔： 那么高森草庵战争遇难者纪念花园呢？

实： 纪念花园就是为了抗议导致日本侵略其他国家的军国主义而建造的。军国主义很难控制，它完全背离了宽恕的精神和现实的赐福。爱与和平才是我们生活的主题。军国主义完全无视通向真理和上帝之路，侵略其他国家并给他国带来痛苦，这是一个社会拒绝现实的表现。在纪念花园中，日本侵略中国、韩国、菲律宾和其他东南亚国家时的遇难者名单都被刻在了石碑上。每块石碑背后都有一棵树。因此，这个纪念花园明确表达出，我们日本人真的给他们带来了苦难。"他们"指的是我们的中国同胞、韩国同胞和菲律宾同胞等。我们的确伤害了各国的同胞！因此，我必须向他们忏悔，为他们祈祷。

这座花园通过一种温柔的慈悲之心，展现了日本所具有的自然与人类的亲密关系。川端康成在1981年获得诺贝尔文学奖时的致辞《美丽的日本的我》中，也表达过这种观点。他的演讲描述了人与自然的共存，在这种共存中，和平、爱与慈悲至上。

另一位诺贝尔文学奖得主大江健三郎在颁奖典礼上发表了《暧昧的日本的我》的演说。他直率地讲道，《美丽的日本的我》中所传达的日本精神的内核和培养了日本人不仅是与人之间更是与自然之间的细腻情感，如今已不复存在了。在日本，希望已无处可寻。但是，原子弹受害者的恸哭和祷告找到了一条有意义的出路。这条出路就是，我们一起经受痛苦，共同祈祷。

尽管我在修行所中的经历有限，但我还是认识了一些来到高森草庵的游客。比如一次偶然的机会,我认识了两位来参观草庵的中国女士。她们被这个地方深深感动,向我询问修建这样一个纪念花园的原因。于是,我去请教押田神父,为何要修建这样一座纪念花园。他认为,我们当今世界充满了无尽的泪水,最底层的人们往往经历最多的苦难。所以,他在园林的纪念碑上写下:"在无穷无尽的泪水汇成的汪洋大海中,我站立直至永远。"我向那两位中国人解释,民族国家的特征是暴力,国家不会考虑受害者的利益,而草庵会,这就是为什么草庵永远朝着为社会最底层人们考虑的方向前进。当时,其中一位中国人听完不禁落泪。这是我始料未及的。还有一次,一个菲律宾家庭来到了修行所,其中一位男士在菲律宾遇难者纪念碑前也流下了泪水。我对一位来自印度的甘地追随者说,"在无穷无尽的泪水汇成的汪洋大海中,我站立直至永远",这也是甘地的立场。他说:"是的。这也是我在印度恪守的信条。"在了解了高森草庵的故事后,他感慨道:"感谢这个团体!"

巴兹尔:草庵给我们传递了复杂而丰富的信息。

实:但也很简单——从暴力和民族国家中解放出来。

巴兹尔:它的复杂之处在于,押田神父如何才能达到这样的目标。任何一位中国、韩国、菲律宾的人来到这里都会被它深深触动,因为他们会从这座花园中看到日本人已经承认给他们带来的苦难。但要超越这一点继续向前发展,要认识到只有见证并亲历了上帝的存在,承认其他民族和国家的人民都是我们的兄弟姐妹，才会实现这样的目标。

实：我们受到上帝的邀请，作为回应，我们接触到了现实：我们看见了上帝、聆听上帝、受上帝指引、被上帝启发、变得像上帝，以此来证明上帝与我们同在。然后，我们知道了这个美丽的现实：我们都是兄弟姐妹，所以我们必须携手向前，不被过去所束缚。这就是为什么不宽恕别人、不抛弃仇恨，那些痛苦的现实就会永远存在的原因。

巴兹尔：如你所言，当你看到现实时，仇恨和痛苦就离你而去了。

实：抛弃仇恨和痛苦，是我们从残暴中解放的标志。

巴兹尔：高森草庵对我来说还有别的意义，它的其他事情吸引了我。第一件事是纪念花园明确地承认了历史，承认了在太平洋战争中所有东亚国家都遭受了深重的苦难。日本与其他国家一同哀悼。因此，日本不只是在道歉，更是在表明日本因为自己造成的苦难而一直不断地为受难者哀悼。每个来到草庵的中国人、韩国人、菲律宾人都会被感动，因为他们会在那里发现，日本人在为他们哀悼。第二件触动我的事是为保护山间泉水资源所做的斗争。那里是你喜欢去的地方，是本源，是河流的本源，也是象征意义的本源，是我们从上帝那儿获得生命的本源。

实：丰盈的生命。

巴兹尔：是的，丰盈的纯粹的礼物。我们能让工业去破坏这份礼物吗？如果工业获准可以破坏这份礼物，那真是可怕至极！

实：再过二十年，村委会领导和有权势的开发商还会继续想购买、使用它。

巴兹尔：第三件触动我的事是做祷告的地方和我们的默祷。通过默祷，我们有机会也有可能去和现实联结，否则我们可能会说太多话。

实：在沉默中，上帝无处不在。

巴兹尔：确实如此。为了感受上帝的存在，你必须要静坐。我也认为稻田是个好地方，大家可以一起在那里劳作，之前你也解释过这个观点。我觉得草庵也有一些其他东西吸引着我。在花园里，有一座耶稣十字架的纪念碑，当你进入修行所时，只有从十字架通过才能向前走，否则无法前行。为什么十字架会在那里？它在那里是因为耶稣也能感受到我们的痛苦。没有十字架，我们就不会宽恕别人，也不会被别人宽恕。我们从十字架中领悟到了宽恕的精神。

因此，草庵对我来说是一个看得见的示范，它不是抽象的。所有这些现实都是亲眼所见、亲身经历的。它们既不具体，也不抽象，不是理论上的，也不是理想化的，而是实实在在可以看到的强大交流体验。修行所涵盖了以上的一切，值得你进入和体验。

实：感谢上帝能够赐予这样一方天地！

巴兹尔：这就是我说它是座宝藏的原因啊！在这个隐秘的地方，远离尘世的喧嚣，你可以看到你能发现的一切，可以看到你讨论过的一切。

不要再有战争

　　战后日本的恸哭带来了日本宪法的第九条——"不要再有战争"。对于今天的日本和中国来说,这是一个现实的目标吗?

实: "不要再有战争"是我一直以来每天为中国和日本祷告的内容。如果要去解释它的含义,我就要从自身的经历出发,讲述我这一信念的形成过程。

　　1946年,我从上海只背了一个帆布包回到日本,以为日本的情况会好一点。但是登陆后,我感到了前所未有的彻底失望。我乘火车从日本南部的九州出发,一路穿行到我父亲的家乡——日本北部的一关市,日本的真实处境在这段旅程中被毫无掩饰地展现在我面前:一座座城市被战火夷为平地,所到之处死气沉沉,广岛更是损失惨重。当我们前往东京时,看到有些女人在敲火车窗户,我们对此大感不解。火车门早已被原本不应该在火车上的人堵死。那些女人一次又一次地敲着窗户,希望我们能打开窗户,好让她们带着自己的包裹和食物上车。城市里食物供给不足,她们不得不去乡下为家人交换食物。到东京后,火车上的人变得更多了,挤满了这样换食物的女人。我们不得不换一辆火车,结果在东京等了两天才登上我们的那辆火车。我们惊讶地发现很多无家可归的孩子流落街头。

之后,我们登上火车来到了父亲的故乡,来到了大伯的家里。大伯一家看到我们后很惊讶,但他们还是高兴地接纳并热情地招待了我们。我们在那里待了一年。那里的处境非常艰难,父亲想找一份工作,但根本没有任何机会。我们在大伯家的一年里,父亲未能找到一份工作。为此,我的哥哥和姐姐也放弃了他们的学业。幸运的是,姐姐和在上海认识的朋友还保持着联系,之后她就和朋友一同去东京工作了。

我们又去了母亲的故乡九州。外公、外婆尽管年纪很大,但还是周到地照顾我们。在那里,很多人也都面临着同样的失业处境。幸运的是,哥哥在他十八岁那年,在一个偏远地区的小煤矿找到了一份工作。他在那里工作了六个多月,然后把我们也叫过去,因此我们也在那里工作了六个多月。同时,哥哥又找到了一份很适合父亲的工作,找到了一个足够大的房子,全家都住了进去。

我们在母亲的介绍下,逐渐认识了一些同样在这个被遗忘的地方工作的人。他们无一例外都是背井离乡来到这里,都是战争的受害者。他们的房子被烧毁,也没有任何东西能让他们继续维持生活。其中有一些是经历过残酷战争的士兵,战后他们发现很难再继续工作。在那座小煤矿周围有个社区,那里像家庭一样温暖。在那里,我们发现大家都经历过同样的痛苦,我们一起分享战争的痛苦记忆。国家被破坏了,被彻底击垮了,我们看不到日本的未来和希望。

后来,我开始去上学,上中学。学校在一个很偏远的地方,我要步行一小时才能到达车站,从那个车站到中学还有两小时车程。虽然我当时只有十五岁,但我也能感觉到社会上的那种死气沉沉的主流情绪。但不管怎样,人们还是渴望能有出路,还在期待着日本的未来。

1947年3月3日,新宪法突然诞生了。新宪法简单易懂。令人惊讶的是,团体里那些背井离乡的人都是受过教育的,所以都能读懂新宪法。和平宪法在他们中间产生了轰动。战争是没有意义的、灾难性的、野蛮的、非人性的,这是他们共同的经验和感受。所以,再也不要重复那条路了!战争期间他们每天都在忍受轰炸,他们都理解这种痛苦。苦难已经够多了,那简直就是地狱般的生活。1947年和平宪法的诞生让他们一致认为:这才是正确的道路,这才是日本的希望。我能感受到他们的喜悦,我们一起分享这份快乐,我也觉得这是日本能够向前发展的唯一道路。

人们说和平宪法是由美国打造的,但是它饱含智慧,也的确代表了日本人民的渴望。尽管当下国际环境波诡云谲,但是和平信念始终深深嵌入日本人民的心中，永远印刻在他们的脑海。因此，"不要再有战争"与和平宪法在日本的历史环境下是完全等同的。

所以，现在的核心问题是如何才能将这些信念运用到中国和日本的关系上。与大多数日本人相比，我的经历可能更为特殊，我在中国长大。在这一点上，我们两个可能更为接近，因为我们都在中国生活到十二三岁，我是十三岁离开中国的。我是吃中国食物长大的，由中国人抚养，一直和中国人保持着联系。因此，很多中国的东西已经深深铭刻在我的骨子里和生命里。所以，我的立场可能与大多数日本人不同，但实际上，我认为日本人和中国人有同胞之谊，拥有同样的情感。

中国和日本在历史上一直保持着一种非常独特的联系。在悠久的历史中，日本一直打开国门向中国学习，这延续了数个世纪，正如日本后来向西方学习一样。在6世纪，两国间的交往继续发展。即使日本在17、18世纪关闭了对外交往的大门，但也仍和中国保持着联系，例如长崎口岸一直对中国开放。两国在不同程度上一直维持着联系。

在我看来，最为重要的是，两国在探寻真理的过程中团结了起来，这是超越国界的尝试。比如，在日本创立曹洞宗禅院的道元高僧，他曾前往中国，在中国住了三年，在那里顿悟了禅宗。道元虽然不是中国人，但他的师父曾打算让他继任主持。回到日本后，道元为丰富日本文化、日本精神和日本希望的本源做出了巨大贡献。这也是川端康成在诺贝尔文学奖获奖感言《美丽的日本的我》中首先引用道元高僧创作的和歌的原因。日本精神鼓舞了一种深层次互动关系的发展，不仅仅是人与人之间的，更是人与自然间的和谐关系。通过这种精神，我们能够培育出一种柔和的、无以言表的彼此间的默契与观照。

我还发现了历史上另一位极具感染力的人物。这个人不是从日本前往中国，而是从中国来到日本，他就是鉴真。鉴真感到自己仿佛受到了前往日本分享真理的召唤，所以历尽千辛万苦来到了千里之外的日本，这在 18 世纪并不是件容易的事，因为风暴随时会摧毁帆船。他尝试前往日本，第一次、第二次、第三次、第四次、第五次的尝试全都失败了，最后一次终于成功抵达，然而他却在这次航海中双目失明。鉴真在日本受到了恭敬的接待，他传授的佛法绵延至今，他的塑像在京都的大寺庙也依然矗立。这仅仅是两个例子，一位是从日本前往中国的僧人，另一位是从中国来到日本的僧人。这两个国家如此幸运，紧紧团结在一起。日本从中国那里，在很多不同的方面都获益匪浅，正如现代日本从西方那里学到的一样。

巴兹尔：我可以问你一些关于当前局势的问题吗？首相安倍晋三是过去想要修改日本宪法，还是现在仍然试图要修改和平宪法？

实：他现在仍然在试图修改和平宪法，确实如此。但是，我想如今已经不可能了，尽管政府在推动修改宪法，美国也在要求政府做出一些修改。美国在战后推出了和平宪法,但很快又鼓励日本拾起武器。

巴兹尔:在 1950 年朝鲜战争期间,美国强制日本组成一支国家警察预备队,这样一来就破坏了和平宪法。

实:庆幸的是,那时连政治家们都在坚决抵抗美国的压制,但是他们最终也被迫妥协,组建了武装力量。如今美国再次压制日本,让日本建立自己的武装力量,而从来不去想日本可以继续走一条自由的道路,不再依靠美国来保护自己。在过去,日本民众觉得他们有必要为中国在战争期间遭受的苦难而赎罪,他们可以尽其所能地做任何事情来赎罪。他们觉得只靠政府来给予援助是不够的,所以他们在中国做了很多像植树这类的事情。两国之间真正的友谊是化解两国敌对情绪的必要条件。

巴兹尔:所以,依据和平宪法,日本可以自我防卫?

实:宪法的初始精神是,如果你攻击我,我会告诉你这是错误的。而真实的情况是,如果我们受到攻击,我们会拼尽全力去保护自己。但我们将不会放弃宪法第九条的承诺,那是我们的生命线。

巴兹尔:日本现在有自卫的陆军、海军和空军。安倍就是要扩大这一权利,这样一来,日本就能用自己的军队来帮助其他的国家。

实:是的,日本政府也在试图证明这样是正确的,但是当这样去做的时候,他们很容易违背初衷。在日本国会,这样自相矛盾的人占多数。

巴兹尔：你提到大多数日本人，或者说超过百分之五十的日本人，他们仍然坚持反对修改和平宪法，想要保持现在的样子。

实：令人欣喜的是，年轻人也逐渐意识到了当前的处境，尽管他们没有亲身经历老一辈们所经历过的战争。上一代的政治家们目睹过战争，所以他们一直在试图抵制美国的压迫。但是安倍没有经历过战争，那些现在支持他的人也像他一样没经历过战争。越来越多的老一辈政治家反而被排除在外。

巴兹尔："不要再有战争"意味着不使用武力。

实：这是最基本的要求。

巴兹尔：甘地反对用武力解决任何问题。中国和日本也在1972年的声明中达成一致，不使用武力或武力威胁解决两国间的任何争端。中国如今在增强自己的军事力量，因为不想再次被侵略。然而，德斯蒙德·图图认为，安全不能通过暴力和依赖武装与武器而获得。图图的观点是，历史告诉我们，依赖军事武器不会带来安全。

实：是的。当前日本社会环境日益恶化，令人担忧。我每天早上读报纸时都会被一对夫妇被谋杀之类的新闻吓到，每天都会有一些类似的新闻报道。被杀害的人还包括孩子，他们都是无辜的。在我年轻时，这些事非常罕见。我们竟以这种方式，踩着科学上的成就，踏上了自我毁灭的道路。

巴兹尔：著名学者约翰·保罗·莱德里奇指出，国家对武器力量的依赖是出于恐惧。因为恐惧,他们将自己的安全委托给武器。所以,消除恐惧成为和平建设者的任务。

实: 当代社会的状况变得越来越缺乏人道。在核武器的使用问题上,稍有不慎,这些武器就将会摧毁全世界。

巴兹尔: 确实如此。我找到一段大江健三郎的语录,能很好地佐证你的观点。在一次演讲中,他说:"日本为重新出发而制定的宪法的核心,就是发誓放弃战争,这是很有必要的。作为走向战后重生的道德基础,日本人痛定思痛,选择了放弃战争的原则。"

实: 这非常有趣。他说,道元等人传承下来的日本人的精神已经消失殆尽了。美好的精神已不复存在,又有什么能够取代那些精神呢?大江健三郎没有找到答案。但他仍在试图去寻找一个答案。重藤文雄医生在广岛为很多人治疗,这为他打开了新的视野。大江健三郎也被冲绳人所打动。冲绳有座独特的纪念碑,上面写着所有冲绳战役中遇难者的名字,不论是日本人还是美国人。冲绳人强烈地希望再也不要发生战争。

巴兹尔: 你可能会赞同联合国教科文组织在1945年写下的章程序言,"战争起源于人之思想,故务需于人之思想中筑起保卫和平之屏障"。我们确信战争起源于人的思想,所以必须在人的思想中加以改变。这和你所说的很接近,除非我们的思想发生改变,否则这个世界还将继续恢复到战争状态。

实: 战争的突然性令我很紧张,它一旦发生,就很难终止,那将会带来毁灭性的灾难。战争的历史也预示了这一趋势。有时战争超越了人类的控制，这也是困难所在。这就是我祈祷"不要再有战争"的原因。

巴兹尔：是的，我们要为和平祈祷。

实：我希望中国和日本能够充分意识到这一点，然后为整个世界的富裕与和平做出贡献。日本只是个小国，但是我们仍然准备好了与中国一同前行。这也是作为文明的民族，对中日两国友好交往传统的回应。

巴兹尔：很多中国人并不认可日本是世界上唯一拥有和平宪法的国家。你们的宪法被采用是因为它表达了日本人民的意愿，不是因为美国强加的，这应当是战后每一个日本人的意志和渴望。在过去的七十年里，一直坚持这一和平立场，并非易事。

实：如你所知，美国为改变日本的和平立场，对我们施加了巨大的压力。

巴兹尔：我知道。但尽管如此，日本的和平宪法仍旧保持了七十多年。无疑，这也是在告诉中国不要担心日本，日本已经承诺了和平，自战争结束后就一直信守这个承诺。这项承诺已经深深扎根于国家的历史中，和平宪法必须维持不变，这也是现在大多数日本人的观点。

实：谢谢你的鼓励！

核武器

核武器仍然是世界和平最严重的威胁。如果不解决核威胁问题，中日之间会实现和解吗？

实：我觉得这是个根本性问题。因为我曾倾听过原子弹受害者的证言，其中一句话代表了我所找寻的焦点："广岛到处是原子弹爆炸受害者的哭泣和默祷……城市被毁灭，天空被烧成红色，肉体灰飞烟灭。"

重藤文雄在一家负责为广岛原子弹爆炸受害者治疗的专门医院当医生，他在那里工作了三十多年。每天他都要近距离接触那些受害者，面对他们的痛苦，他发现他们是当今世界最底层的人群。所以，我的问题是：救世主如何照料那些经历着极度痛苦、虚弱而无助的人们？在这一困境中，医生和受害者面临着同样的痛苦命运。

重藤文雄强烈地感觉到，核武器已经出格了，使用这类武器很明显就是犯下了反全人类的重罪。重藤文雄继续说道，我们的确生活在黑暗之中。我们意识不到自己在做什么，我们在自我毁灭，不仅仅是在摧毁人类，也在摧毁大自然。这是因为我们一直保持沉默，人们为沉默寻找了各种各样的理由，但这种沉默态度仍被视为一种解决方法。我们注定要目睹自己身处黑暗，这种境遇下，我们能做的就是祈祷。

巴兹尔：核威胁问题怎么会与中日关系联系起来呢？

实：如果不解决核威胁问题，中日之间会实现和解吗？我认为这是不可能的。倘若中日之间的和解依赖核武器，是没有出路的。最近一位日本记者采访了俄罗斯核专家阿列克谢·阿尔巴托夫，他在俄罗斯是一位很有影响力的人物，常在政治问题上献言献策。记者问他："我们能摧毁核武器吗？"他回答："我相信在未来的某一天，人类肯定会摧毁核武器，因为我们能用核武器在几个小时内摧毁全世界。有这样的武器存在，我们怎么会感到安全呢？"这位俄罗斯专家继续有条不紊地论述道："如果我们依赖这样的武器，那我们引以为豪的文明就不值得被称为文明。"他继续说道，我们必须放弃核武器，但需要很大的耐心去等待这一刻的到来。放弃这些武器不仅仅是句口号，为了完成这一目标，我们必须在摧毁核武器的问题上达成共识。坚守放弃核武器这一立场是非常困难的。一旦准备好，我们就需要十分耐心地去协商，因为这将会决定人类文明的命运。因此，强有力的政治领导也必不可少。

巴兹尔：你能介绍一下在广岛发起的"和平市长"运动吗？

这场运动又带来了什么影响呢？

实：这场运动的影响范围很广。组织者认为，人的力量可以克服核武器的威胁。这场运动最初影响力并不大。随着这场运动逐渐在世界范围内传播，经过很长时间后，它产生了一些影响。"和平市长"运动始于1982年，前期发展得很缓慢，直到2005年有600个城市加入了这场运动，它才真正发展壮大起来。

巴兹尔：中国有城市加入了"和平市长"运动吗？

实：有的。20世纪80年代有7个中国城市加入了这场运动，但后来就没有了。

巴兹尔：如今，"和平市长"运动在世界所有大洲共有6 893个会员城市（截至2015年）。他们的愿景是到2020年消除核武器。"和平市长"运动在全世界的会员分布很不均衡，日本有1 597个会员城市，其数量超过其他任何国家。令人惊讶的是，伊拉克是加入城市数量第二多的国家，有770个。韩国没有城市加入，印度尼西亚有3个城市加入，世界第二人口大国印度有19个城市加入。当原子弹坠落的时候，你的妻子淑子就在广岛城外，所以你个人和这场灾难也有某种联系。

实：那时候，淑子只有七岁。从那时起，受核辐射的影响，她的一些亲人就陆陆续续离世了，其中包括她的姐姐。她还记得那场黑雨滴落在白色的校服裙子上，那时她甚至已经准备好了面对和她姐姐一样的命运，但对此她并没有说太多。对她来说，这就是一场灾难。无论如何她再也不想看到同样的灾难降临。

巴兹尔： 鉴于福岛核泄漏事件和当前的环境，你想就核反应堆的使用说些什么吗？你是因为核电给环境带来的冲击而反对核电的使用吗？

实： 没错，我们正在毁灭大自然，那将是巨大的灾难。举一个例子，有个村庄拒绝建立核电站，因为他们不需要这种电力。这个村庄很漂亮，与自然和谐相处。这样的情况并不多见，因为在如今商业化发展的冲击下，保持这样的乡村生活非常困难。很多日本人被吸引到这个村庄来，试图探寻村民们实现生态平衡之道。游客也来到村庄向村民们学习。四十年来，他们真的在共同勤劳工作、奋斗。那是一个贫瘠的村庄，但是他们让贫瘠之地变得欣欣向荣，村民们也知足而感恩。来过这个村庄的人们都感到好奇：这样一个贫瘠之地是如何发生奇迹的？人与人互相合作，人与自然和谐相处，他们不使用化学肥料也能将土地经营得很好。

巴兹尔： 如你所言，我觉得人们已经意识到核电给大自然和环境带来的威胁，但并不能完全认识到核弹也会给人类带来灾难。在美苏冷战时期，直到20世纪80年代末，人们每天都生活在恐惧之中，没有人知道明天会发生什么。冷战之后，危机似乎过去了，但现在全人类甚至陷入了更危险的深渊。

实： 是的，但德国总理安格拉·默克尔的行为使我颇受震动。在反思福岛事件后，她决定德国不能再依赖核电。她说，当在日本了解到福岛事件的严重后果后，她决不会再在核电项目上投资。

巴兹尔：这很有意义。

实：我们的前首相小泉纯一郎是另一位在使用核电上改变观点的领导人。他曾经决定扩大和平使用核电，支持修建核电站。但当他看到福岛事件带来的后果后，与安格拉·默克尔的态度一样，他说："我做出了错误的决策，我为自己的错误决策承担责任，现在我要反对使用核电反应堆。"

巴兹尔：我觉得俄罗斯专家阿列克谢·阿尔巴托夫所说的话非常重要，也很有意义。他能够意识到核电和核弹的存在对人类是种威胁，它能够在几个小时内摧毁全世界。我觉得即使在现在，大多数人都不能理解这一点。

实：为了安全而依赖这样的武器，不值得称之为文明。

巴兹尔：这是个很重要的观点。支持使用核武器，就会远离文明。"文明"一词并不适用于我们当下所生活的这个社会。

实：阿列克谢·阿尔巴托夫指的是核武器。

巴兹尔：是的。他的观点是对的，你也是对的，我们正生活在茫茫黑暗中，大多数人都没有意识到这一危险。它影响着日本和中国两个国家，不仅仅是日本。

历史责任

当今这一代需要对历史承担什么责任？中国和日本都需要转变他们的历史视角吗？

巴兹尔： 正如中国归还者联络会坚持的那样，我们不能无视历史。我们在前面提到过，他们的座右铭是："前事不忘，后事之师。"七十多年前日本侵华的记忆让中国和日本产生分歧，这也是当下两国建立友谊的最大障碍。然而，这并不一直都是主要障碍，中国对日本采取了仁慈政策，将侵略战争的罪责归于日本军国主义。日本有时更乐于掩盖战争时期的事实，不考虑中国的感受。1990年后，中国政府也越来越频繁地谴责日本发动侵华战争。

历史问题是如何提出的？这里有各种各样的问题。为什么中国和日本会因历史观点而产生分歧？为什么当今一代要被七十多年前的事件所困扰？年轻一代要为先辈们所经历的战争承担什么责任？为什么中国和日本不能忘记过去，专心致志地建设和平未来？我们如何处理历史问题或者历史难题，尤其是战争史难题？仅仅是忽视过去，将永远不能驱除中国人的担忧或满足日本人对领土的渴望。

对此，我们可以采取多种途径。第一种是中日一同前进，放下仇恨和痛苦，仇恨和痛苦不利于双方的未来。另一种途径是由历史学者黑泽文高和伊恩尼斯提出的。他们在《历史与和解》一书中指出，20世纪80年代第一次爆发的教科书争议揭示了历史的政治化，历史的政治化是中日和解的最大障碍。我们应当通过客观重述历史来克服历史的误用。他们的这本书试图从历史学家的角度来揭露历史真相，从而达到历史的和解。他们指出，战争记忆是中国对日本心存芥蒂的根本原因。和解的关键在于历史本身，为了实现和解，双方应该分享能够支撑自己观点的历史事实，并真诚地面对历史。和解必须有证据支撑，即以历史为支撑。这样，中国和日本的历史学家们才能共同工作。例如，我们之前提到过的《超越国境的历史认识》，书中综合了中日两国历史学家撰写的关于20世纪中日关系中有争议问题的文章。

实：这一定非常有意义。

巴兹尔：这本书是个很好的示范，历史学家们可以聚到一起跨越国界来看问题。当然，他们并不是在所有问题上都能达成一致意见，但确实能够拉近彼此的关系。

实：历史学家们的会面，能够就普遍存在的一些问题进行分享和交流，并逐渐达到和解。这非常有趣。

巴兹尔：历史学家们会面并讨论有争议的问题，先听取一方的观点，再听取另一方，这是两国关系向前发展的重要一步。这也是这些历史学者们聚到一起的原因：在不利于两国关系发展的分歧之间搭起一座桥梁，那么分歧将不会继续存在。

实：过去在日本，受狂热的民族主义影响，我们经历过类似的历史宣传，并受害不浅。

巴兹尔：我们都倾向于记住自己的善行、自己国家做的好事，正如我们也更容易记住别人对我们做出的恶行，而其他的一切都被我们忽略了！我们忘了自己做出的恶行，也忘了别人做的好事。我们只记得自己的成就和自己遭受的苦难。比如，英国记得德国轰炸机轰炸伦敦的闪电战，以及后来德国发射 V1 和 V2 导弹。我们记得这些坏事情。我们也记得自己取得的荣耀，比如在诺曼底的成功登陆。我们从不去想德国的善举，或者我们对德国做出的恶行。以后，我们可能会意识到对方的故事也非常重要，值得我们去聆听。

南京大学历史学院的刘成教授也提出了一种中日和解的途径，他的核心观点是：中日关系要遵循"以史为鉴"和"面向未来"的原则，而前者是后者的条件。正义与宽恕是中日和解的两个基本要素，但正义与宽恕是一个互动的过程，承认历史的真相是求同存异的基础。宽恕与记忆、历史、忘却构成共同的视域，只有确信过去的罪恶不会再来，相信事物向正确的方向发展，人们才会从痛苦记忆中解脱出来，平息怒火和宽恕对方，并寄希望于未来。和解是一个进程，是指在各方共同努力下，人们创造性地实现了冲突的转换。因此，和解事实上是一种相互依存的思想和力量。中日双方关系的根本改善和现有冲突的化解应该遵行三个原则：一是双方加强合作，共同解决问题；二是争取达到一种整合性的双赢目标；三是采取和平方式并尊重和理解各方的利益。

另一种观点是一种较为常识性的观点。当我们到邻国去时，会倾听对方的观点，包括对过去、对战争时期历史的看法，我们会发现他们同样也是人。他们可能丝毫未谈及战争，但我们知道他们渴望和平，不想因为先辈们所做的错事而被责备。我们不能因过去的事而责备他们。所以，当意识到我们亟须克服两国存在的某种敌对情绪时，我们可以共同合作，克服这种对抗情绪，创建美好未来。中国人和日本人在中国、日本乃至世界上任何地方会面都将有助于化解这种敌对情绪，正如我们在讨论年轻人交流互访重要性时提到的那样。这一进程可发生在各个层次上，并将对和平做出最大的贡献。

还有这样一种有趣的看待历史的方式："过去仍然存在，我们正走向过去，不会远离。"不得不说，我现在读到这些文字，觉得自己正在经历这样一个过程。有将近五十年，我忘了过去在中国的那段时光，但最近十五年，我过去在中国的记忆又苏醒了。我在中国长大，每天对那段岁月的回忆与日俱增，就像我正在走向那段过去。我并不觉得这是种倒退，因为我从中国的那段过去中学到了很多东西。这是自我认知的一部分。过去如此珍贵，我不想远离它，我想理解它、依赖它。这种观点是说，过去是我们自我认知的一部分。当我们意识到它时，不得不去思考它。

以一种新的历史叙事方式重新看待并讲述这段故事也非常重要，因为过去的有些事情需要得到和平解决，正如纳尔逊·曼德拉在南非真相与和解委员会启动时所提及的："我们当下面临的选择不在于是否应该揭露历史，而是如何揭露。它必须以促进和平与和解的方式达成。"他继续说，每个人都是历史的受害者，都经受着痛苦。在南非，整个国家都遭受了苦难，因此每个人都需要愈合的过程。在世界的其他地方也是这样，互相抗衡的国家也是这样，中国和日本更是这样。我们仍然要将这一愈合过程继续下去，仍然要以一种积极的视角来看待过去。

在中国，像在世界上所有其他国家一样，历史一直非常重要。中国是世界上最珍视历史的国家之一。中国人在发表观点时，喜欢引经据典。历史是每个国家的宝藏，也是每个人的宝藏。如果我们能领悟到这一点，就会发现中国和日本也能以一种新的眼光、积极的视角去解决历史问题。通过这种方式，双方能找到一种彼此都认可的和解途径，在东亚甚至全世界都能产生和解效应。中国可以将1931年至1945年这段时期视为一段宝贵的经历。在这一时期，中国克服了所面临的最大危机。所以，中国和日本可以面对未来前景毫不退缩，不受过去的争议阻碍，一起自由地讨论和分享，一同向前，创造新未来。

我想讨论的最后一个问题是关于年轻一代要承担的责任问题。为什么年轻一代要为先辈们在七十多年前所做的事承担责任？这非常重要。对此，我想引用一下德国前总统理查德·冯·魏茨泽克所说的话。1985年5月8日，在第二次世界大战欧洲战场结束四十周年纪念日那天，他在德国议会发表演说："我们今天大多数的民众都不会为并非他们犯下的罪而承担罪责。任何人都不会希望仅仅因为自己是德国人，就要被披上赎罪的长袍。但是，先辈们所犯下的罪行给他们留下了沉重的历史负担。我们所有人，无论有罪与否，无论年轻还是年迈，都必须接受历史。谁不反观历史，谁就会对现实盲目；谁不愿反思暴行，谁将来就可能会重蹈覆辙。没有回忆，就没有和解。"

这篇讲话中最重要的词语是"暴行"。我们可以读出这个词语，却不能真正体会到这个词语的深刻内涵。魏茨泽克希望德国同胞，尤其是德国年轻人能够铭记德国对犹太人所施的暴行，德国在奥斯维辛集中营大屠杀和其他灭绝营中的深重罪恶。

暴行，或者说实施暴行的时刻，是如此痛苦，日本人也经历过这种痛苦。原子弹从空中落下，人们眼睁睁地被烧死，肉体被撕裂，受尽折磨，或以各种恐怖的方式死去。它是如此残酷，惨绝人寰。同样，我们也看到了发生在南京的暴行，毁灭、肢解、埋掉数以万计的士兵和百姓，还有的人被扔进河里，等等，这就是发生在南京的残酷暴行。这些都有照片为证，我们必须铭记这些暴行，决不允许类似事件再次发生。

我就说到这里，下面请你来讲一讲其他需要关注的问题。

实：你提出了一个非常复杂的问题。历史，尤其是历史的真相仍然影响着现在。过去的发现由后代接手。尽管我们的观点存在分歧，但是真相将彼此团结在一起，这是最重要的。否则，我们仅仅是在脱离过去讨论历史，那我们在理解民族认同的时候，可能就没有办法去提出问题。意识不到这一基础问题，我们的历史学科可能就只会关注史实。虽然史实非常重要，但是结合我们的背景阐释史实也同样重要。一个国家在精神传统上不再将历史问题视为单方面问题，这对解决历史问题至关重要。中国和日本从历史中继承的精神传统，比当下让两国产生分歧的问题更重要。这是我的第一个观点。

第二，鉴于国家自身的行为，追求和解又挑战着一个民族的自我认知。日本对邻邦做出的行为并不符合日本人的自我认知。通过侵略其他国家，日本破坏了与历史传统之间的联系。广岛、长崎和其他城市的灾难、痛苦典型地展现了日本破坏传统的后果。经历过这些苦痛与灾难后，日本人认识到自己做出了不可饶恕的行为。因此，他们深刻地反省自己，思考"我是谁""日本是什么"。

我无法摆脱自己的经历，所以从我有限的经历来看，我想知道：日本为什么要背负着这样沉重的过去？我通过自我反省，得出了结论，日本存在的意义就是，成为真正意义上的和平见证者。之后这就成了日本人的一种祈祷和一条生命线。和平宪法是从国家外部被正式接受的，但对国家内部的人民来说，它是某种来自上帝的东西。这是日本在最近历史问题上的核心立场。

我想和彻底被击垮、一无所有的日本人分享这些感受。从中，我们会为自己与其他国家的关系而懊悔，我们再也不能重蹈覆辙，再也不能给别人带来巨大痛苦。尽管如此后悔，我们也深刻意识到，其他国家可能会对我们采取憎恶和仇恨的态度。也有些邻国，像菲律宾，对我们很宽容。我 1960 年第一次去菲律宾首都马尼拉时，不敢走在街上；但到 1972 年时，我在菲律宾受到了当地人民的欢迎。这是个巨大的改变。这需要时间，如今菲律宾已经没有明显的反日情绪了。如果人们能够摆脱仇恨，宽容的邻居们将会共同合作，实现互利共赢。

巴兹尔：邻国对我们的不同态度可能与被日本侵占时间的长短有关系。日本在 1910 年至 1945 年统治韩国，在 1937 年至 1945 年侵占中国，韩国和中国都被日本侵占了很长时间。然而，日本统治菲律宾只是极为短暂的两三年。国家的不同态度可能和这一因素有关。菲律宾人民放下了过去的仇恨，你会在那里受到欢迎，这非常好。

实：这确实是个很重要的因素。在殖民时期，它还更多地取决于对曾经殖民统治者的态度。比如印度，最晚从 20 世纪初开始，印度的解放运动就不再仇恨曾经的统治者。我觉得印度摆脱了痛苦和仇恨，是件令人惊讶的事。

我们认为，日本和中国的态度很大程度上也取决于两国领导人。战后，日本老一辈领导人经历过战争的痛苦，也为日本的困境而沮丧，因此他们在面对其他国家时心存愧疚且态度谦卑。战后初期，日本百废待兴，逐渐将自己从无到有地重新建立起来。但在后来的发展阶段中，随着日本经济的繁荣，这些心态可能发生了变化。

巴兹尔：历史是可选择的，同样一个国家对其他国家的态度也是可选择的。我认为最重要的是，在1945年战争结束后，中国政府向日本一再承诺，中国人并不会采取复仇行为。中国人悉心对待所有留华日本士兵和百姓，并帮助他们回到自己的国家。战后中国政府将你置于临时兵营中，但是他们限制你的自由了吗？他们没有。我对此感到很惊讶。其他人可能不会有这种感觉，但我十分震惊。完全没有限制，完全没有仇恨。

这有助于我们理解为什么在战后和冷战时期，日本很感激中国的宽容。所以，当中国完全与西方隔绝的时候，日本提供了帮助。

实：我记得在日本，即使我还只是个孩子，也觉得我们再次和中国发生了联系，很乐意去帮助他们。

巴兹尔：因此，即使在战争结束后，中国和日本也有一段关系融洽的时期。我们现在需要记住这些。我们以这样积极的回忆来结束本部分内容。

学生和青年交流项目

为什么我们觉得这一主题如此重要?

巴兹尔：交流对我们两人来说都是个非常重要的主题,因为访问其他国家在形成我们的人生观和对其他国家的态度方面起了重要作用。我在高中时去德国交流过一个月。毕业后,我前往马来西亚工作。后来,我又在印度的一所大学度过了两年的时光,我们在这所大学相识,这是改变人生的体验。你也讲过你是如何通过在美国和印度学习而发生改变的。因此,我们希望中国和日本的学生也能够彼此相识,通过这些相遇来发生转变。

学生是两个国家的珍贵财富。重新建立因冲突而产生分歧的两国关系是恢复真正和平与追求和解的核心。没有会面就没有和解。如果会面发生在无人之地,它能带来的益处将会很有限。让我们换位思考,从邻国的视角来看待这些问题。如果对方曾经是我们的敌人,那就更有必要如此了。比如,访问广岛对我来说有着重要意义。如果我从未去过广岛,我怎能理解当原子弹坠落时淑子和实的感受呢？如果我们希望其他人能够理解我们，那我们必须要对其他人的痛苦感同身受。

我们可以从第二次世界大战后德国和法国的例子中看到青年交流项目的重要作用。这两个国家不仅和平相处，还共同建立了欧盟，直至今天仍是欧盟的两股支柱力量。欧盟做主要决定时都需要法国和德国达成一致的意见。当想到他们在20世纪和前几个世纪还斗争得无比激烈时，你会觉得很不可思议。这两个国家一直在鼓励两国青年互访交流，很多欧洲人并不了解这些。这些互访交流得到了政府的大力支持，组织得很成功。据统计，1953年至1973年间，约有700万16岁至25岁的青年参加了这些交流活动。平均每年约有40万德法青年进行互访交流。因此，两国人民能够互相信任，解决两场残酷战争留下的种种问题，也就不足为奇了。通过这种方式，两国的年轻人了解到，对方有自己的历史视角，并且对方很乐意和我们做朋友。邻国间由敌对憎恶到友善亲密的转变，首先需要在民众那里发生这种转变。一个国家年轻一代所经历的一切，将会决定这个国家未来的方向。

那么，中国和日本呢？在过去的几十年里发生了什么？鲜为人知。中国在1984年9月和10月邀请了3 000名日本青年来北京。那段时期，中国刚开始出现在世界舞台上，因此那场交流活动意义深远。尽管它如此激动人心，但当时两国只有这样一次青年交流活动。

从20世纪80年代起，大量的青年交流项目开始涌现。其中最有名的是北京大学和东京大学的交流项目，日本政府曾为其提供经济支持多年。中国和日本也建立了地方城镇学校学生间的交流项目。2006年，胡锦涛主席和安倍首相呼吁促进两国间的个人交流。于是，两国学生可以到对方学校交流学习。

为了促进中日之间的交流访问，两国也制订了一些非政府性计划。其中一例是笹川日中友好基金。该基金成立于1989年，目的是促进中日之间的永久和平与增进相互理解。在基金成立初期，两国的民间交流最初是由笹川基金的伙伴中国国际友好联络会促成的。中国的一些知名人士和媒体代表被邀请到日本，日本的语言教师和学生也被邀请到中国。在21世纪的前十年，该基金通过了两项新颖的计划：一项是在安全区促进人才交流，另一项是缓解历史问题上的紧张局势。截至2007年，有5 677名日本人和17 270名中国人参加了该基金项目。笹川日中友好基金相信，"人民是维护和促进双边合作的关键因素"。

近些年的状况又怎样呢？我回想了访问中国时的所见所闻。我访问了南京的很多地方，发现爱德基金会促进了南京和东京国际基督教大学之间的交流访问，拉贝纪念馆也为此做出了努力。拉贝是德国人，他在南京大屠杀期间挽救了很多中国民众的生命，他的故居现在被用作和平研究中心。有一些日本学生来到南京，也有一些南京学生去往东京。也是在南京，我和南京大学历史学院的刘成教授多次见面。他告诉我，南京大学常年有日本留学生，他在校园里也时常遇见他们。南京的学生也去日本交流。

比如，4名南京大学和4名南京师范大学的学生曾前往日本国际基督教大学，他们在那里与日本学生进行了为期三周的交流，其间还参观了广岛。

当时正值钓鱼岛争端时期，中国学生多少有点反日情绪，但回到南京后，刘成教授问他们："如果中日之间再次发生战争，你们持什么立场？"学生们说："教授，为什么会有战争呢？日本人和蔼而有礼貌，街道非常干净，食物也很可口，为什么中国和日本要发生战争呢？"由此可见，经过这三周的参观交流，对比去之前的情绪，他们对日本的态度已有所改变。同样，只要日本人来到南京，中国人同样会展现给他们古老的中国和崭新的中国。南京著名的城墙和古老建筑很值得参观，我们从中可以看到古老的中国。

实：在经历过和日本的那场痛苦战争后，当年的老南京还有遗迹保存下来吗？古城墙还有吗？

巴兹尔：古城墙保留了至少三分之二，约长22千米。原城墙全长33千米，环绕整座古城一周。很多城门已被毁坏，但是整个城墙因为很宽，没有被破坏。城墙真的很宽，足够驾驶两辆双层巴士沿着城墙的顶部并排前行。这里有座古老的夫子庙，江南贡院里古代夫子们科考的场地依然存在，大多都被保存了下来。曾去过日本交流的南京学生也给日本师生展现了现代中国的新风貌。南京长江大桥是南京的一处主要景观，它建于1960年，横跨长江两岸，长约4.5千米，是一项令人瞩目的宏伟工程。长江在这里像个河口，它并不是一条普通的河。铁路线铺设在公路桥下面。他们还向日本朋友介绍了发电站和大学新城。这次交流活动取得了非常积极的成效。

实：日本学生的态度有什么变化呢？

巴兹尔：我不知道。

实：我很想了解这一点。

巴兹尔：刘成教授没有提到。他只了解了中国学生去过日本后态度的改变。不过，你应该记得在上海认识的我的两个朋友，一位是古生物学家，另一位是生物化学家。他们都在日本读书，并在京都取得了博士学位。

实：他们在日本生活了多少年？

巴兹尔：一位在日本生活了七年，他在日本完成了本科和博士研究生阶段的学习。他的妻子在日本攻读完了硕士和博士学位。他们在京都完成学业，日语也非常棒，所以你在上海的时候，他们能帮你流利地将中文翻译成日文。事实上，他们非常热爱日本。我认识的任何曾经去过日本、在日本居住过、在日本学习过的人，都像他们两个一样，很热爱日本。现在日本的留学生中，中国学生所占的比重最大。

最近，我和一位复旦大学的博士聊天，他如今在剑桥。他说，日本留学生在复旦大学的留学生中所占比重最大，甚至比韩国留学生还多。但大多数留学生都是来复旦大学学中文的，他们来这里学习中文六个月或一年。这位博士会说一些日语，会很乐意认识你并用日语和你交流。当他用日语和日本学生交流时，日本学生却用汉语回答他，这令他感到有点沮丧。日本学生不和他说日语，我觉得这是可以理解的，因为他们是来中国学汉语的，所以更想用中文与人交流。因此，这位博士感到有点失望，因为他也想通过与日本学生交流提高自己的日语水平。当然还有其他的中国人也想向这些日本留学生学习日语。

我还与一个来自中国北方的中国人聊过天。她说："我们学校没有日本学生，但有来我们大学教日语的日本老师。我相信在中国其他很多地方也是这样的，大学为所有想学日语的学生开设课程，邀请日本老师来华授课。"我的一位复旦大学的中国朋友也说，上海的一些其他大学也有日本留学生，他们也为日本留学生制订了学习汉语的计划。

我们需要建立更多促进交流的机制，尤其是针对中学的学生。像我们提到的战后法国和德国的例子，他们在关键时期鼓励了两国间的学生交流。两国政府积极主动促成学生交流互访，青年交流活动不仅进行得非常成功，而且影响了成千上万的年轻人。在安倍晋三发表太平洋战争结束七十周年的讲话前，日本专家在 2015 年 8 月为他准备的报告中指出："向前行，通过开展在各个方面比以往更活跃的交流活动，并以追悔过去为基础，这是开展与中国继续和解工作之必须……"（《关于 20 世纪历史、日本角色和 21 世纪世界秩序的顾问小组报告》）

我们有必要提一下另一种形式的交流，那便是旅游。在 2015

年的前 3 个月,有 125 万中国游客前往日本,与上一年相比,该数量有了大幅增长。游客中大多数是儿童和年轻人,应该也包含了学生。尽管这样,我们还是要问:这是一条单行道吗?日本有相等数量的游客到中国来吗?似乎并没有很多。这就是我正想请教你的:在东京,你所在的国际基督教大学有没有这样的交流项目?我知道你有几个中国学生,可能是三五个或者更多,他们从中国来到日本;我知道你有一些和南京的交流项目,让国际基督教大学的几名学生去南京交流,但这些交流学生的数量非常少。你有关注过国际基督教大学所做的其他事情或者其他大学的交流活动吗?

实:我没有接触过青年交流这一领域,所以我无法回答这个问题。

巴兹尔:我从其他地方了解到,东京的早稻田大学曾有过一个邀请中国人到日本来的项目,这些人可能包括学生和学者。

实:很抱歉,我不太了解这个交流项目。

巴兹尔:青年交流对我们来说是非常重要的,因为人民和国家间永远需要交流和对话。为了未来,我们需要在社会各方面建立促进交流的机制,尤其是促进青少年和学生的交流。不仅仅是领导人之间的会面很重要,两国民众的会面也应当在更广泛、更多样的层面得到加强。我们应该将观念不同、意见相左的人聚到一起,伴随着新理解、新融合与真和平,新型的伙伴关系就会在交流中产生。

团结在人类大家庭

如果意识不到我们是同一家人、同样的人类、同在一个世界，和解会有可能吗？

巴兹尔：像兄弟姐妹一样团结在人类大家庭，听起来很好，但它是什么意思？为什么如此重要？你和我讨论过我们是一个大家庭且都是人类的一部分的重要性，因此我们曾经的敌人事实上是我们的兄弟姐妹。这听起来很高尚，但是如何将其转变成现实，从而改变中国和日本这样两个不同国家的关系呢？

我想起了马丁·路德·金的观点。1962年，他在华盛顿的著名演讲《我有一个梦想》中提到，昔日奴隶的儿子能够同昔日奴隶主的儿子同席而坐，亲如手足。德斯蒙德·图图主教也讲过类似的话。他说，在南非，当他们都获得了选举权，能够选举曼德拉时，也是第一次所有人都有权利去投票时，他们也意识到了某种类似的东西。南非人有了惊天动地的发现："我们都是南非同胞，我们都是上帝彩虹之国的子民。"

只有少数人能够理解这个观点，大多数人并不能理解。我们更关心我们的团体、我们的视角和我们的种族。在中国，在日本，在世界的任何地方都是这样。我们因信仰而被分离，我们根据种族、性别、宗教、财富和其他的分类标准给人贴上标签。这样我们就失去了全人类的视角。

有很多类似的因素让我们产生分歧、泯灭人性，但战争是最主要的因素。周恩来总理在处理1 000多名日本战犯问题时就意识到了这一点。他觉得日本士兵在对待其他人，尤其是在对待中国人的过程中，不把对方当人看，使自己丧失了人性。他试图恢复日本士兵的人性，对他们照料有加，故而那些战犯很积极地承认自己的罪行。在这一过程中，他们认识到自己对其他人的所作所为是多么残忍。被宽容地对待后，他们重新发现了人的尊严，也意识到在残忍对待中国人的过程中，他们已经失去了人性。周恩来总理希望那些日本战犯回到日本后不再重蹈覆辙，并将他们犯下的罪行告诉日本人。

你在一篇关于广岛遇难者的文章中引用了大江健三郎的话，他说人类是个正在愈合的大家庭。人类成为一个正在愈合的大家庭，尤其是那些从暴力下幸存的人能够给我们指引一条向前的道路，使我们愈合创伤。这种治愈有不同的方式。你曾给我看过一篇中国作者孙歌写的文章，这篇文章是关于1931年后从日本移居到中国东北的定居者的。他们在日本是贫穷的农民，来到中国后，从中国当地农民那里得到土地，并通过雇用当地农民，过上了富裕的生活。但在日本投降、战争结束后，他们也经历了一段艰难痛苦的时期。很多人纷纷自杀，留下的人也变得一贫如洗。中国人热心帮助活下来的日本人，他们含辛茹苦地收养日本遗孤，抚养他们长大，展现了人类宽容而伟大的人性光辉。所以，曾经怀着优越感来到这儿的日本人，在经历了痛苦磨难后，开始意识到中国人和他们一样都是人。在这一过程中，他们得到了治愈。

德斯蒙德·图图主教认为，当我们意识到人类共同的人性后，一些重要的真理也随之显露。我们首先意识到的是包容的原则。德斯蒙德·图图主教坚决强调这一点。他在南非说，我们意识到了大家都是上帝的子民。他写道："上帝大家庭中无外者，都是自己人。黑人和白人，富人和穷人，犹太人和阿拉伯人，巴勒斯坦人和以色列人，塞尔维亚人和阿尔巴尼亚人，穆斯林和基督徒，佛教徒和印度教徒……都是上帝家族的一员。"① 我们也可以再加上，中国人和日本人也都属于这个家庭，我们都是上帝的子民。有些人会觉得这些想法太过极端和令人震撼。说它极端是因为它包括了所有人，这其实也是一种相关原则，因为它让我们彼此相连，分离不开；因为我们彼此依靠，仰赖上帝。只有彼此紧密相依，我们才能找到未来和真正的人性。

上面我们谈到的所有这些与和解又有何关系呢？2009 年，联

---

① God Has A Deam, p. 20.

合国宣告该年是国家和解年,它旨在重新恢复人类失去的团结。如果没有团结,很明显也将不会有和解。我们明白,中国人和日本人都有我们共同的人性。当中国人来日本时,他们发现对方不是别的人,是兄弟和朋友!他们会发现日本有很多地方值得学习、值得欣赏,比如日本人的礼貌、秩序、文明和敏感性。通过发现家人之间的相似性,我们也重新体验到了已经失去的治愈和团结。当国家主义淡出人们的视野,中日间共同的人性得到认可,并得到政府、大众、媒体的支持时,我们便能向和解前进一步。不论来自哪个国家,认识到我们亲密相连,我们就将联合向前进。这将会让我们得到解放,可以去成为上帝想让我们成为的那种人,也可以看到其他人最初的样子。

我要在这里暂停一下,我觉得你可能会在愈合的家庭或其他问题上有很多东西要讲。在文章中,你讲过人类是一个正在愈合的家庭这种观点,你讨论过大江健三郎的观点,他通过广岛原子弹幸存者发现了人类家庭的治愈力量。他还写过很多感人的故事,你也引用了他写的故事。他说,在我们生活的这个核时代,原子弹爆炸的幸存者和受害者有一种能够治愈所有人的力量。他们如今虽已虚弱年迈,但仍努力讲出自己的故事并积极参加放弃核武器甚至拯救全人类的运动。治愈痛苦的力量在家庭和社会中恢复了真实和人类秩序。当我们看到那些见证过痛苦的人们时,这些就都不言而喻了。在世界上很多地方都是这样,尤其在南非更是这样。他又兴奋地补充道,通过幸存者,我们发现了人类家庭的真正尊严，我们看到人类成为原本应有的模样。在这点上，也许你会想要补充更多的东西。

实：我对这种描述很感兴趣：这种遭遇是正常还是不正常？或者更直白一点，是理智的还是不理智的？提出这个问题，很多人可能会从自己的立场出发去理解，以非常友好的方式来阐明。为了把握此问题的关键难点，我们必须承认，我们的回答和自己所处的立场紧密相连。

比如说，石牟礼道子强调的九州海岸海污染问题，外面的人无法了解污染所带来的危害，因为他们离这里很远。石牟礼道子关注汞污染，它会导致水俣病。在这片被污染的海域中，没有鱼类能够生存。人们也被这里的污染所影响，并且是以一种很粗暴的方式——临死前人们会像疯猫一样上蹿下跳，最后在巨大的痛苦中离开人间。石牟礼道子如今已进入耄耋之年，她除了参加过当地职业训练学校的初级培训外，没有接受过教育。但她对遭受这场灾难、在痛苦中不知所措的人怀有深深的同情。孩子们看着父母在痛苦中离去，留下孤苦伶仃的自己，他们自己也逐渐受到污染的影响，离开人世。这片海全被污染了，所到之处，满目疮痍。海洋被污染后，人也就接着被影响。我们的出路在哪里？只有漫无边际的黑暗笼罩着这里。这就是真正遭受着痛苦的人们做出的回应。同时，外面的人通过现代社会蓬勃发展的工业和生产系统给这里带来了污染。那些身临痛苦境遇的地区似乎有两条路可以选择：一条路是大家一起承受痛苦，人被污染，海被污染，看上去大家在一起走向痛苦。这是一种荒谬的途径，但是大家共同面对苦难，共同给予勇气去忍受这被污染的人类世界。另一条路是受害者发现我们称为现代化的东西泯灭了人性，破坏了自然。对受害者来说，其中一种途径就是和大家一起分享他们的痛苦，另一种途径是通过所遭遇的痛苦寻找到一条回归生命本源的道路。日本渔夫成为佛教徒，也就是一种对佛的回归。如今，这片海域之外的人该如何去面对这样的处境呢？石牟礼道子发现，外面的人会以自己的视角来看待这样的处境。有些人可能会看到一位母亲用胳膊托着孩子，共同承受着这份痛苦。看到此情此景，观察者的态度和情感也深受感染。石牟礼道子说，观察者可能会遇见上帝，基督徒遇见基督，佛教徒遇见佛陀。然后，上帝与佛陀相遇。这是个真正的神圣之地。但大多情况下，观察者并不能对受害者的遭遇感同身受。石牟礼道子认为这是我们这个时代所面临的困境。这取决于人们看待现代环境的不同思想。

巴兹尔：我觉得我们都认同敏感性是个重要因素，感情敏锐的人能够看清真正存在什么；要成为人类，就是要变得敏感。当我们变得麻木不仁时，就失去了人性。在很多情况下，我们注意到那些感情敏锐的人往往能够展示给我们真正的人性。但很奇怪，即使那些你曾觉得盲目之人，在某天也会突然闪现出人性的光辉。在最近我们面临的难民危机中，大量的难民从中东和非洲涌入欧洲。有一幅图是一个三岁的男孩被海浪席卷而死，之后被冲到岸边，这比任何绝望的难民冒着生命危险来欧洲的数据更让人震撼。

在媒体观众心里，所有这些数字都比不上一张三岁男孩被冲到海岸边的照片影响更大。令人惊讶的是，即使再客观理性的媒体工作者也会受到触动，然后放下其他事情，筹集资金去让大家关注身陷困境的绝望难民们。他们用尽自己的智慧去让人们思考：我们正在做什么？我们如何才能继续活下去？即使是冥顽不化的人也会闪现人性的火花。

实：这的确非常重要。它让我再次回想起我们的合作。比如，你提了一些关于广岛、长崎原子弹爆炸受害者的问题，他们的哭声如何才能被同时代的人所听到，以及多少城市为了响应广岛的号召参加了"和平市长"计划。我发现迄今已有161个国家的6 893个城市做出了回应，并加入了这项计划。他们试图以这种方式去分享广岛和长崎受害者的祈祷。显然，他们的祈祷是为了放弃核武器。

正如你所建议的，人们应当超越种族和国家的界限，发现我们共同的人性，互相欣赏，和谐共处。通过这些，或许我们能够改变世界，不仅仅是放弃核武器和战争。在我们的努力下，我们可能会认识到当前波谲云诡的事件背后的神圣现实。尽管有人已经在这样做了，但是核武器仍在蔓延，变得愈来愈复杂，形势不容乐观。受害者们感觉到了当前形势的危急，他们觉得仅仅讨论和渴望和平并不够。所以，人们被鼓励去参与非暴力运动，它能够通过城市协议和采取更多直接的行动，达成在全球消除核武器的共同目标。为此，我们需要持久不懈的努力。2016年5月27

日，奥巴马在访问广岛的讲话中呼吁削减核武器。他说："我们有必要重新确认大家同为人类一员……未来的广岛和长崎将不是核爆地，会因成为我们的道义觉醒之地而被人熟知。这样的未来才是我们应该选择的未来。"

巴兹尔：我继续问你，德斯蒙德·图图主教认为，新南非的所有种族都是上帝彩虹之国的子民，你是否认为这也能适用于世界上所有的种族？

实：正如你所说，南非事件表明，意识到我们同为彼此相连的人类一员这一事实的重要意义。全人类需要在上帝的鼓舞和带领下，以一种和谐而新颖的方式共存。这种观点也影响着我们对中日关系的理解。两国关系必须改善，只有这样，我们的和解才能向更深一步发展。

巴兹尔：当然，和解是一段旅程，不是某个终点或者某个结果。我们永远不能说和解已经完成。即使在南非，这场旅程也仍在跌跌荡荡中继续前行。

实：在这种情况下，我们仍有必要共同生活在大家庭之中。

共同憧憬和平未来

中国和日本如何通过对未来的共同憧憬走向和平未来?

巴兹尔：尽管现在中日之间局势紧张，但因两国在历史上一直保持着紧密联系，两国在未来也一定能找到一条发展积极和平伙伴关系的道路。为了发展两国伙伴关系，政府和社会都需要有曼德拉和马丁·路德·金的眼光与理想。如果和解成为双方的共同目标，那双方应当具备尊重、信任、友谊和首创精神。为此，两个国家应当分享自己对未来的观点，这样一来，东亚将在促进全球国家大家庭的和平与和谐共存中发挥带头作用。

尽管后来出现了岛屿争端，但中国对日本一直采取了和平友好的政策。为表明这一点，我要引用中国国家主席习近平的讲话。2014年12月13日，他在南京大屠杀死难者国家公祭仪式上对中国人民坚定不移走和平发展道路表达了崇高愿望，宣示了中国人民牢记历史、不忘过去，珍爱和平、开创未来的坚定立场。

他说:"自古以来,和平就是人类最持久的夙愿。和平像阳光一样温暖、像雨露一样滋润。有了阳光雨露,万物才能茁壮成长。有了和平稳定,人类才能更好实现自己的梦想。历史告诉我们,和平是需要争取的,和平是需要维护的。只有人人都珍爱和平、维护和平,只有人人都记取战争的惨痛教训,和平才是有希望的。我们为南京大屠杀死难者举行公祭仪式,是要唤起每一个善良的人们对和平的向往和坚守,而不是要延续仇恨。中日两国人民应该世代友好下去,以史为鉴、面向未来,共同为人类和平做出贡献。"在那个重要场合,习近平主席表达了南京大屠杀死难者国家公祭仪式不是为了延续仇恨,而是为了加强当下中日之间的友谊。

两国关系是未来的关键,也是两国超越商业合作的必要。这也是南京大学的刘成教授所强调的。他说,中国和日本应该加强合作,不仅仅是在经济上,在其他如文化方面、历史问题、环境问题、生态问题等领域也要加强合作。他强调了共同解决如岛屿争端这类问题和共同寻找到双方都能受益的合作目标的重要性。同时应当记住,这也是所有互相尊重对方身份、历史、成就和利益的需要。在这些方面,双方都具有多样化,也存在差异,但一直联系在一起。

伙伴关系和未来不仅仅是由两国政府决定的,中日两国人民也要共同努力。中日两国人民的期望将决定两国的未来,政府的政策时有调整,但人民的渴望和努力将会永存。人民之间的联系、友谊、合作是最为重要的。

尽管现在中日关系正经历着一段艰难时期，但从历史的角度不难发现，两国关系的总体趋势还是积极的。我就讲到这里，现在我想请你来讲讲在日本方面，关于中日发展友好关系的重要内容。

实：作为一个日本人，我支持和中国去共同建立一个和平未来的合作计划。首先，我也认为历史视角非常重要，这已经被再三强调过。过去，我们从中国那里学到了方方面面的东西，但我们从中国那里学到的最重要的是对真理的理解，这是我对历史视角的核心理解。从古代开始，为了追求真理，我们就被紧密联系在一起，互相欣赏，彼此尊重。这是我们互相学习的核心，因为追求真理已经深深影响了日本的历史。

我个人参与了四十多年的日本禅宗佛教和基督教间的对话交流。这是禅宗佛教徒和基督徒间的对话，但它对所有日本宗教传统开放，以寻求真理，特别是从佛教方面。13 世纪，曹洞宗禅院的创立者道元高僧前往中国，在中国学习了三年。在中国的最后那段时间里，他的老师对他说："我觉得你确实已经生活在真理之中了。"回到日本后，道元分享了自己在中国学到的对真理的感悟，这些真理便从道元开始，在日本一代代传承至今。通过和对话团体的接触，我不仅仅从他们讲授的内容中学到了很多，更从他们的生活方式中获益匪浅。在那里，我能看到他们对彼此深深地欣赏，用真理促进发展，还通过彼此的互动表达着真理的现实。他们认为,彼此亲如兄弟姐妹,共同生活,通过尊重、爱和欣赏分享亲密关系,这就是真理的现实。在这种理解下,大家建立起彼此间深厚的友谊。然后他们就能发现自己是谁,并意识到此时此刻共存的重要意义,怀着感激之情生活。

真理不是教条,而是要真真切切地充分享受此时此地的生活。在基督徒方面,我欣赏他们所分享的真理现实。虽然宗教存在差异,但我欣赏他们对真理的理解。此时此地我们作为人类真诚而感激地活着,试图寻找到适合人类的生活方式。在那种意义上就无计划可言,每个人都在对自身的环境做出回应,大家一起探索出一条走出困境的方法,这对我们来说是至关重要的。当我还是普林斯顿大学的学生,在美国听到马丁·路德·金的演讲时,我从基督教的观点中学到了生命的真谛。他主张我们像兄弟姐妹一样,作为上帝幸福家庭的成员去生活。这一真理是我们的祖先从中国学来并传承下来的。

所以,在中日关系中我想强调的是,我们从中国那里学到了很多。在这一点上我们真的要感谢中国,中日关系自古就深厚渊远。当我带着这种心情去看待当下的中日关系时,我觉得我们要重视彼此的互相欣赏与理解,它对我们至关重要。因此,我们能感觉到,两国越接近真理,就越紧密地团结在一起。在这种关系的鼓励下,我们能够怀着感激和愉悦的心情与彼此相识。我们从过去中学会从真理层面理解中日关系。

第二点,我们当下的处境很不乐观,但在我看来,尽管当下环境艰苦，我们仍然要感激从中国借鉴来的东西。简而言之，我们从中国那里发现了真理，互相欣赏、互相尊重，彼此感激，共同参与到成为人类大家族的兄弟姐妹这一神圣的现实中来。我提到的痛苦指的是日本侵略中国和它给中国的兄弟姐妹带来的痛苦与灾难。我们在中国的所作所为不能被抹去，也不能被遗忘。我们给中国的兄弟姐妹带来了灾难，这是事实。我们应该期盼和中国建立什么样的关系呢？

　　我觉得有很多方法能带我们摆脱这种痛苦困境。以欧盟为例，尤其是以德国和法国的关系为例，他们找到了摆脱20世纪，尤其是摆脱两次世界大战后困境的出路。在经历过这样的大战后，我们不可避免地会滋生出仇恨和复仇的情绪。但二战后，法国领导人戴高乐和德国领导人阿登纳因对和平的共同渴望而团结到一起，他们相信和平是欧洲的唯一未来。他们自始就深信和解是完全必要的。我被他们共同合作走向和解的方式所感动。自那时起，他们就成了欧盟的核心。令人惊讶的是，他们虽然在过去经历了苦难，但能克服憎恶和仇恨的心理。两国之间是如何实现这种和解的？我一直在好奇，他们的未来观是如何带来如此有益的和解的。

　　2015年，德国总理安格拉·默克尔来到了日本。她公开表达了德国对和平的渴望，并且希望不要再有战争。法国和德国尊重彼此的差异，通过商议，双方在追求真理中被团结到一起。德国总理说，这一过程能够实现是因为两国实事求是地看待历史，深信和解的必要性。这是个奇迹,也是对世界上其他地区的祝福。

我个人觉得,欧洲所发生的宽恕与和解也将是中日未来的唯一解决途径。20世纪中日经历了一段不愉快的关系,但如今,无论如何,我的心中还是充满着希望。中日和解的进程已经开始了。从1952年开始,正式得到确认是在1972年,双方实现邦交正常化。在我看来,中国对战争期间发生的一切已经表示了宽容和谅解,并且日本很感激地接受了这一点。因此,我觉得,中日和解和合作的进程已经开始,仍在继续着。

我亲身感受到了战后日本的绝望。绝望之后,日本开始反思。日本人通过反思过去,意识到自己走错了路,给中国和整个东南亚带来了巨大痛苦。人们在内心深处接受了和平宪法,保证"不再有战争",证明和平是日本未来的唯一道路。我发现,这依旧是日本人的生命线。

现在,每个人都应当意识到自己对未来和个人身份的责任。我觉得,唯一的希望是在人与人之间实现突破。如果我们彼此尊重,共同合作,互相欣赏,那我们将会谱写出新的篇章。

来日本公司工作的中国女孩在福岛海啸遇难的故事或许就是一个例子。日本一家公司雇用了12名中国女孩当学徒。当海啸袭来时,公司经理立刻将她们带到地势高的区域,然后才回去救自己的家人。令女孩们难过的是,经理和他的家人都被海啸淹没了。她们回到中国,和邻居们分享自己的经历。这种舍己救人的英雄主义行为将完全不同的中国人和日本人超越国界地团结到一起。他们被爱与正义鼓舞，共同合作。虽然这类故事不常被提到，但这样的例子会越来越多。

我希望我们能继续拓展、深化和解与新型合作的历史，中日关系在未来将会成为黑暗中的一束光芒。我们如今面临很多困难，但我觉得这些困难必须要被克服，并且终将会被克服！通过理解真理、互相欣赏、互相尊重，我们将会在紧密团结中实现宽恕的现实。

这就是我对你刚才分析现代环境下中日关系的回应。

后 记

我们梦想着全世界都能意识到自己身处同一个大家庭中的欢乐,在这个大家庭中,尽管大家各不相同,但我们亲如兄弟姐妹,世界也不会被划分成敌人和朋友。

这将在时机成熟之时得以实现。同时,个人也会发现这种欢乐是一种解放自我的经历。他们这样做了,欢乐将会作为一份礼物悄然而至,而不是某种人们刻意追求得来的东西。

如何促成最深层次的和解?实意识到了上帝此时此刻存在的重要意义。当我们理解了马丁·路德·金的想法,就会知道不论种族、宗教、国家、社会地位,我们亲如兄弟姐妹,这将会给我们和每个人之间的关系带来转变。写下这些很容易,但是将其向大家宣布,并供大家提出赞同或反对意见时,却并没有这么简单。

尽管我们提到的是基督徒,但不论你是中国人、日本人或是任何其他国家的人,不论你是否信仰宗教,每个人都能体验到类似这种见证上帝存在的感受。

这如何与中日和解联系起来呢？当每个人都能从束缚中解放出来，意识到所有人类都同属于一个大家庭时，和解才会成为可能。当我们第一次在印度见面时，尽管我们来自不同国家，但仍成了朋友。我们并不觉得充满战争硝烟的过去是横亘在我们之间的一道障碍。从那之后，我们能够换位思考，通过对方的视角来看待过去，从过去吸取教训，向对方学习。和解有一种奇妙的力量，能够把我们从所有曾经使我们产生分歧的事务中解放出来。因此，在中日关系中，如果我们以痛苦过去为开端，将很难有任何和解的进展。但只要中日之间能够意识到对方同为我们的兄弟姐妹，那和解之花将会绽放。我们从历史中吸取教训，不再将历史视为不可攻克的障碍和无休止敌意的根源。

有人说，如果我们没有经历过痛苦该多好。但是，我们的痛苦经历能够激起我们对探求希望的渴望。战后日本被炸为废墟，所以实努力在绝望中探求出路，最终在基督那里看到了希望。后来在美国，他为白人和黑人基督徒间的冲突所震惊，之后又在马丁·路德·金的演讲中得到解脱。我们一次又一次地发现，正是那些被压垮的人在绝望中呐喊，并依靠黑暗中看到的闪闪光芒而活下去。当在南非所有的希望都销声匿迹之时，这个国家注定要爆发流血冲突。但纳尔逊·曼德拉从监狱中被释放后原谅了南非白人，带领大家迈向新的黎明。

和解是一段正在进行的旅程。在我们从上海到印度，后来又返回日本和中国的旅程之中，你会发现我们仍在继续学习新的课题，仍在面临新的困境和挑战。我们永不能说已经到达终点，也不能说我们的合作已经完美无比。国家之间也是这样。在南非，德斯蒙德·图图主教充分意识到，如果领导人易于满足、不思进取，那么和解就很容易走上倒退之路。和解之路一直在向前发展，即使和解已在这条道路上扎根，它依然没有完成，很多东西仍在等待修复，要靠真理和正义来完善。

我们祈祷，愿您能从我们分享的旅程之中获得启迪。